培根哲言录

Peigen Zheyanlu

蔡 颖
/编写

吉林教育出版社

图书在版编目(CIP)数据

培根哲言录 / 蔡颖编写. — 长春：吉林教育出版
社，2012.6（2018.2 重印）
（和谐校园文化建设读本）
ISBN 978－7－5383－8766－7

Ⅰ. ①培… Ⅱ. ①蔡… Ⅲ. ①培根，
F.(1561～1626)－语录－青年读物②培根，
F.(1561～1626)－语录－少年读物 Ⅳ. ①B561.21－49

中国版本图书馆 CIP 数据核字(2012)第 115997 号

培根哲言录	蔡　颖　编写

策划编辑	刘　军　　潘宏竹	
责任编辑	庞　博	**装帧设计**　王洪义

出版　吉林教育出版社（长春市同志街 1991 号　邮编 130021）

发行　吉林教育出版社

印刷　北京一鑫印务有限责任公司

开本　710 毫米×1000 毫米　1/16　13 印张　　**字数**　165 千字

版次　2012 年 6 月第 1 版　2018 年 2 月第 2 次印刷

书号　ISBN 978－7－5383－8766－7

定价　39.80 元

编 委 会

主　　编：王世斌

执行主编：王保华

编委会成员：尹英俊　尹曾花　付晓霞

　　　　　　刘　军　刘桂琴　刘　静

　　　　　　张　瑜　庞　博　姜　磊

　　　　　　潘宏竹

　　　　　　（按姓氏笔画排序）

总 序

千秋基业，教育为本；源浚流畅，本固枝荣。

什么是校园文化？所谓"文化"是人类所创造的精神财富的总和，如文学、艺术、教育、科学等。而"校园文化"是人类所创造的一切精神财富在校园中的集中体现。"和谐校园文化建设"，贵在和谐，重在建设。

建设和谐的校园文化，就是要改变僵化死板的教学模式，要引导学生走出教室，走进自然，了解社会，感悟人生，逐步读懂人生、自然、社会这三部天书。

深化教育改革，加快教育发展，构建和谐校园文化，"路漫漫其修远兮"，奋斗正未有穷期。和谐校园文化建设的研究课题重大，意义重要，内涵丰富，是教育工作的一个永恒主题。和谐校园文化建设的实施方向正确，重点突出，是教育思想的根本转变和教育运行机制的全面更新。

我们出版的这套《和谐校园文化建设读本》，全书既有理论上的阐释，又有实践中的总结；既有学科领域的有益探索，又有教学管理方面的经验提炼；既有声情并茂的童年感悟，又有惟妙惟肖的机智幽默；既有古代哲人的至理名言，又有现代大师的谆谆教诲；既有自然科学各个领域的有趣知识，又有社会科学各个方面的启迪与感悟。笔触所及，涵盖了家庭教育、学校教育和社会教育的各个侧面以及教育教学工作的各个环节，全书立意深邃，观念新异，内容翔实，切合实际。

我们深信：广大中小学师生经过不平凡的奋斗历程，必将沐浴着时代的春风，吸吮着改革的甘露，认真地总结过去，正确地审视现在，科学地规划未来，以崭新的姿态向和谐校园文化建设的更高目标迈进。

让和谐校园文化之花灿然怒放！

本书编委会

❀【目　录】❀

一、伦理道德篇

1 爱情是软弱的

舞台上的爱情比生活中的爱情要美好得多。因为在舞台上，爱情只是喜剧和悲剧的素材，而在人生中，爱情却常常招来不幸。它有时像那位诱惑人的魔女，有时又像那位复仇的女神。

《培根随笔选》21 页（以下简称《随笔选》）

你可以看到，一切真正伟大的人物（无论是古人、今人，只要是其英名永铭于人类记忆中的），没有一个是因爱情发狂的人。因为伟大的事业抑制了这种软弱的感情。

《随笔选》21 页

过度的爱情追求，必然会降低人本身的价值。例如，只有在爱情中，才总是需要那种浮夸诣媚的辞令。而在其他场合，同样的辞令只能招人耻笑：古人有句名言："最大的奉承，人总是留给自己的。"——只有对情人的奉承要算例外。因为甚至最骄傲的人，也甘愿在情人面前自轻自贱。

《随笔选》22 页

所以古人说得好："就是神在爱情中也难保持聪明。"情人的这种弱点不仅在外人眼中是明显的，就是在被追求者的眼中也会很明显——除非他（她）也在追求她（他）。所以，爱情的代价就是如此，不能得到回爱，就会得到一种深藏于心的轻蔑，这是一条永真的定律。

《随笔选》22 页

当人心最软弱的时候，爱情最容易入侵，那就是当人春风得意、忘乎所以和处境窘困、孤独凄零的时候，虽然后者未必能得到爱情。人在这样的时候最急于跳入爱情的火焰中。

《随笔选》23 页

我不懂是什么缘故，使许多军人更容易坠入情网，也许这正像他们嗜爱饮酒一样，是因为危险的生活更需要欢乐的补偿。

《随笔选》23 页

由此可见，"爱情"实在是"愚蠢"的儿子。但有一些人，即使心中有了爱，仍能约束它，使它不妨碍重大的事业。因为爱情一旦干扰情绪，就会阻碍人坚定地奔向既定的目标。

《随笔选》23 页

夫妻的爱，使人类繁衍。朋友的爱，给人以帮助。但那荒淫纵欲的爱，却只会使人堕落毁灭啊！

《随笔选》23 页

爱情不但能钻进无遮无掩的心扉，而且（偶尔）还会闯入森严壁垒的灵台，如果守卫疏忽的话。

《培根散文》28 页

伊壁鸠鲁有一句糟糕的格言，即"对我俩来说，彼此就是一幕看不够的剧"，这话的意思像是说，天生当凝神于苍昊及崇高万物的世人竟可以无所事事，只需拜倒在一尊小小的偶像跟前，使自己成为奴仆，虽不是像禽兽之类的口喙之奴，但仍然是眼眸之奴，而上帝赋予人眼睛本是为了更崇高的目的。

《培根散文》28—29 页

世人应当更多地提防这种激情，因为它不仅会使人丧失其他东西，而且会使人丧失自我。至于会丧失其他什么东西，古代那位诗人在其诗中说得很明白：帕里斯更喜爱海伦，故而放弃了赫拉和雅典娜的礼物；因为任何过分看重爱情的人都会放弃财富和智慧。

《培根散文》29 页

2 结束单身组建家庭

在人生中，妻子是青年时代的情人，中年时代的伴侣，暮年时代的守护。所以在人的一生中，只要有合适的对象，任何时候结婚都是有道理的。

《随笔选》27 页

成了家的人，可以说对于命运之神付出了抵押品。因为家庭难免拖累事业，而无论这种事业的性质如何。

《随笔选》25 页

所以最能为公众献身的人，应当是不被家室所累的人。因为只有这种人，才能够把他的全部爱情与财产，都奉献给唯一的情人——公众。而那种有家室的人，恐怕宁愿把最好的东西保留给自己的后代。

《随笔选》25 页

有一种人过独身生活是为了保持自由，以避免受约束于对家庭承担的义务。但这种人，可能会认为腰带和鞋带，也难免是一种束缚呢！

《随笔选》26 页

作为献身宗教的僧侣，是有理念保持独身的。否则他们的慈悲就先布施于家人而不是供奉于上帝了。

《随笔选》26 页

作为法官与律师，是否独身关系并不大。因为他们身边只要有一个坏的幕僚，其进谗言的能力就足以抵上五个妻子。

《随笔选》26 页

作为军人，有家室则是好事，这正可以在战场上激发他们的责任感和勇气。

《随笔选》26 页

对家庭的责任心不仅是对人类的一种约束，也是一种训练。那种独身的人，虽然在用起钱来似很慷慨，但实际上往往是心肠很硬的，因为他们不懂得对他人的爱。

《随笔选》26 页

有的人虽然结婚，但把结婚看作一种交易，从而进行势力的结合，或者取得妆奁或者声名而具有各种不同的从中获利的目的。结婚已不像最终规定的那样是一种夫妇之间的忠实的结合了。

《新大西岛》24 页

如果一个女人为丈夫的聪明优秀而自豪，那么这就是使她忠贞不渝的最好保证。但如果一个女人发现她丈夫是妒忌多疑的，那么她将绝不会认为他是聪明的。

《随笔选》27 页

一种好的风俗，能教化出情感坚贞严肃的男子汉，例如像优里西斯那样，他曾抵制美丽女神的诱惑，而保持了对妻子的忠贞。

《随笔选》27 页

世上有这样一种人，他们虽然过独身生活，但却一心只想自己，认为将来与己无关；世上还有一种人，他们认为妻子儿女不过是应付的账单；更有甚者，有些愚蠢而贪婪的富翁竟为没有子女而扬扬得意，他们可能以为这样一来他们就更为富有；也许他们听过这样一段对话，有人说"某某是个大富翁"，另有一人则不以为然，"是呀，可他有一大堆孩子要养"，仿佛子女会减少那人的财富似的。

《培根散文》21 页

独身者往往意味着挚友、恩主或义仆，但并不尽然都是忠顺的臣民，因他们无牵无挂，可远走高飞，而且浪迹他乡者差不多都是独身。

《培根散文》21 页

但有位被称作智者的人却另有高见，他在被问及当何时娶妻时说：年少时尚不宜，年长时则不必。

《培根散文》22 页

世人常见劣夫偏娶上贤妻，这个中缘由或许是劣夫们偶尔一露的好心更显珍贵，或许是那些贤妻爱为自己的忍性而感到自豪；但只要那些劣夫是贤妻们未经亲友同意而自行作出的选择，这种婚姻就绝不会失败，因为要是失败的话，贤妻们就将不可避免地证明自己愚蠢。

《培根散文》22 页

世人的确可见，最伟大的功业历来都由一些无后嗣者所始创，这些人因没有后嗣再现他们的肉体，便努力实现其精神之再现，所以无后嗣者往往最关心后世。

《培根散文》19 页

3　教育子女是父母的责任

一切生物都能通过生殖留下后代，但只有人类能通过后代留下美名、事业和德行。

《随笔选》29 页

创业者对子女期望最大，因为子女被他们看作不但是族类的继承者，又是所创事业的一部分。

《随笔选》30 页

在子女面前，父母要善于隐藏他们的一切快乐、烦恼与恐惧。他们的快乐无须说，而他们的烦恼与恐惧则不能说。

《随笔选》29 页

子女使他们的劳苦变甜，但也使他们的不幸更苦。子女增加了他们的生活负担，但却减轻了他们对于死的恐惧。

《随笔选》29 页

在子女小时不应对他们过于苛责，否则会使他们变得卑贱，甚至投机取巧，以致堕入下流，即使后来有了财富时也不会正当利用。聪明的父母对子女的管理是严格的，而在用钱上则不妨略宽松，这常常是有好效果的。

《随笔选》30 页

在子女还小时，父母就应当考虑他们将来的职业方向并加以培养，因为这时他们最易塑造。但在这一点上要注意，并不是孩子小时所喜欢的，也就是他们终生所愿从事的。如果孩子确有某种超群的天才，那当然应该扶植发展。但就一般情况说，下面这句格言是很有用的："长期的训练会通过适应化难为易。"

《随笔选》31 页

在家庭中，最大或最小的孩子都可能得到优遇。唯有居中的子女容易得到忘却，但他们却往往是最有出息的。

《随笔选》30 页

给子女留下一份大家业，未必是对他们的爱。

《随笔选》94 页

子女中那种得不到遗产继承权的幼子，常常会通过自身奋斗获得好的发展。而坐享其成者，却很少能成大业。

《随笔选》31 页

人们（父母、师傅、仆役皆然）有一种不智的习惯，就是当弟兄们在童年的时候，在他们之间养成一种竞争。其结果往往在他们成人的时候，弟兄不和，并且扰乱家庭。

《培根论说文集》25 页

父母对子嗣之间的慈爱往往是不平均的，而且有时是不合理的，尤其以母亲的爱为然，如所罗门所说："智慧之子使父亲欢乐，愚昧之子使母亲蒙羞。"

《培根论说文集》24 页

但按理说有子女的人对将来应最为关心，因为他们知道得把自己最心爱的孩子留给将来。

《培根散文》21 页

意大利人对儿子、侄甥或其他近亲晚辈几乎不分亲疏，只要他们是本族晚辈，纵非自己亲生也一视同仁。而毋庸讳言，实际上这些晚生也差不多是一回事，因为我们常见某个当侄甥的有时更像其叔叔、舅舅或另一位近亲长辈，而不像他自己的父亲，此乃血气使然也。

《培根散文》20 页

4 利人的品德就是善

利人的品德我认为就是善。在性格中具有这种天然倾向的人，就是"仁者"。这是人类的一切精神和道德品格最伟大的一种。因为它是属于神的品格。如果人不具有这种品格，他就成为一种自私的、比禽兽好不了多少的东西。

《随笔选》4 页

向善的倾向可以说是人性所固有的。如果这种仁爱之心不施于人，也会施之于其他生物的。

《随笔选》5 页

一切事物里面都包含了善的双重性质：第一，任何事物本身都是一个完整的或独立的实体，第二，它是一个更大的物体的一部分或一个成员。其中后者在善的程度上更有价值，因为它总是倾向于保持更高的形式。因此我们看到铁以特有的性质向天然磁石移动，但如果它超过了一定数量，它就会抛弃对磁石的倾向，而转向地球——正像一个炽烈的爱国者倾向于国家一样。如果我们再上升到更高的高度，就发现水和一切物体都向地球中心移动。但它们不但是属于地球，还是属于世界的。于是它们就抛弃对地球的倾向，从地心向外运动。善的这种双重性质和相对性质在人身上表现得最为明显，如果他还没有堕落的话。对他来说，保持对公众的责任应该比保持生命和生存更珍贵。

The Advancement of Learning，P155.

但是为了不做滥施仁爱的傻子，我们就要注意，不要受有些人的假面具和私欲的欺弄，而变得太轻信和软心肠。轻信和软心肠其实常常是束缚老实人的枷锁。

《随笔选》5 页

　　另外要小心，我们在做好事时，不要先毁了自己。神告诉我们：要像别人爱你那样爱别人——"去卖掉你所有的财产，赠给穷人，把财富积存天上，然后跟我来。"但除非你已要跟神一道走，否则还是不要把你的一切都卖掉。

《随笔选》6 页

　　善的天性有很多特征。如果一个人对外邦人也能温和有礼，那么他就可以被称作一个"世界的公民"——他的心与五洲四海是相通的。如果他对其他人的痛苦不幸有同情之心，那他的心必定十分美好，犹如那能流出汁液为人治伤痛的珍贵树木。如果他能原谅宽容别人的冒犯，就证明他的心灵乃是超越了一切伤害的，如果他并不轻视别人对他的微小帮助，那就证明他更重视的乃是人心而不是钱财。最后，如果一个人竟能像《圣经》的圣保罗那样，肯为了兄弟们的得救而甚至甘于忍受神的诅咒，那么他就必定超越了凡人，而具有真正基督徒的品格了。

《随笔选》7 页

　　没有一种罪恶比虚伪和背信弃义更可耻了！

《随笔选》10 页

　　甚至那些行为卑劣的人，也不能不承认光明正大是一种崇高的德性，而伪善正如假黄金，也许可以骗到货物，但毕竟本身是毫无价值的。

《随笔选》10 页

主动的善往往会带来有利于社会的行动，但那只是为了个人的光荣、权力的扩大和延续。思想的伟大是世界的滋事者，像卢修斯、希拉和其他一切大大小小的人物，他们使朋友得到幸福或使敌人遭受厄运，他们根据自己的性情塑造世界（这是真正的诸神间的战争），他们觊觎和渴望主动的善，不管它是否与公众的善背道而驰，也不管公众的善是多么伟大。

The Advancement of Learning, P159.

世间不仅有一种受正道指挥的为善的习惯，并且在有些人，即在本性之中，也是有一种向善的心理趋向的，如同在另一方面是有一种天生的恶性一样。因为也有些人天性不关心他人的福利的。

《培根论说文集》45 页

恶性中较轻的一种趋向于暴躁、不逊、喜争或顽强，等等，而较深的一种则趋向于嫉妒或纯粹的毒害。这样的人可说是靠别人的灾难而繁荣的，并且是落井下石的。他们不如那舐拉撒路的疮的那些狗，而有如那总在人体任何溃烂的部分上嗡嗡的苍蝇。这些"恨世者"，惯于诱人自缢，而在他们的园中却连作这种用处的一棵树也没有的（和太蒙的事迹相反）。

《培根论说文集》45 页

善与神学三德中的博爱相符，也许会被误施，但永远不会过度。权欲之过度曾导致天使们堕落，求知欲过度曾导致人类堕落，但博爱却无过度之虞，天使和人类均不会因之而遭受危险。

《培根散文》37 页

土耳其人是个残暴的民族，可他们对禽兽却很仁慈，甚至为狗和鸟发放施舍物。据比斯贝克记述，一名基督教青年在君士坦丁堡开玩笑时塞住了一只长喙鸟的嘴，结果差点儿被人用石头砸死。

《培根散文》37 页

也不要把宝石给伊索那只公鸡，因为它大概更高兴得到一把麦粒。

《培根散文》38 页

上帝创下的先例便是最正确的榜样：他让阳光照好人，也照坏人，他降雨给善人，也给恶人。但他从不把财富、荣耀和德行平均地施予芸芸众生，因一般的恩惠应该人人分享，但特殊的恩惠则须有所选择。

《培根散文》38 页

这种恶性是极大的人性之误，但却是造就高官大员的最佳材料；正如弯曲的木材适宜造须颠簸于风浪的船舶，而不适宜造须岿然不动的房屋。

《培根散文》39 页

二、社 会 篇

1 孤独是一种兽性

古人曾说：喜欢孤独的人不是野兽便是神灵。没有比这句话更是把真理与谬误混合于一起了。如果说，当一个人脱离了社会，甘愿遁入山林与野兽为侣，那么他是绝对不可能成为神灵的。

《随笔选》32 页

有些人之所以宁愿孤独，是因为在没有友谊和仁爱的人群中生活，那种苦闷正犹如一句古代拉丁语所说的："一座城市如同一片旷野。人们的面目淡如一张图案，人们的语言则不过是一片噪音，使得人们宁可逃避也不愿进入了。"

《随笔选》32 页

由此可以看出，人与人的友情对人生是何等重要。得不到友谊的人将是终身可怜的孤独者。没有友情的社会则只是一片繁华的沙漠。因此那种乐于孤独的人，其性格不是属于人而是属于兽的。

《随笔选》33 页

"好生气的人，不可与之结交；暴怒的人，不可与之来往。"这里提出警告：在选择朋友时，要特别注意避免与脾气急躁的人结交，因为这将引起你们之间的内讧和争吵。

The Advancement of Learning，P184.

普通人几乎不知何为孤独，亦不知孤独可蔓延多广；其实在没有爱心的地方，熙攘的人群并非伴侣，如流的面孔无非是条画廊，而交口攀谈也不过是铙钹作声。

《培根散文》83 页

若知帝王君王们是多么看重笔者谈论的这种友谊，世人定会感到奇怪，因为君王们对这种友谊是如此看重，以至为求之而往往不顾自己的安全和高贵。

《培根散文》84 页

而尚需说明的是，这些帝王都有妻子、儿子和侄甥，但天伦之乐不能弥补友情之乐。

《培根散文》86 页

2　失去一个朋友就等于死亡一次

当你遭遇挫折而感到愤懑抑郁的时候，向知心挚友的一席倾诉可以使你得到疏导。否则这种积郁会使人致病。医学告诉我们，"沙沙帕拉"可以理通肝气；磁铁粉可以理通脾气，硫黄粉可以理通肺气；海狸胶可以治疗头昏。然而除了一个知心挚友外，却没有任何一种药物是可以舒通心灵之郁闷的。只有对朋友，你才可以尽情倾诉你的忧愁与欢乐，恐惧与希望，猜疑与劝慰。总之，那沉重地压在你心头的一切，通过友谊的肩头而被分担了。

《随笔选》33 页

毕达哥拉斯曾说过一句神秘的格言——"不要损伤自己的心。"确实，如果一个人有心事却无法向朋友诉说，那么他必然会成为损伤自己心的人。

《随笔选》34 页

实际上，友谊的一大奇特作用是：如果你把快乐告诉一个朋友，你将得到两个快乐；而如果你将忧愁向一个朋友倾吐，你将被分掉一半忧愁。

《随笔选》35 页

如果以上所说已证明友谊能够调剂人的感情的话，那么友谊的又一种作用则是能增进人的智慧。因为友谊不但能使人走出暴风骤雨的感情世界而进入和风细雨的春天，而且能使人摆脱黑暗混乱的胡思乱想而走入光明与理性的思考。这不仅是因为一个朋友能给你提出忠告，而且任何一种心平气静的讨论都能把搅扰着你头的一团乱麻，整理得井然有序。当人们把一种设想用语言表达的时候，他也就渐渐看到了它们可能招来的后果。有人曾对波斯王说："思想是卷着的绣毯，而语言则是张开的绣毯。"所以有时与朋友做一小时的促膝交谈可以比一整天的沉思默想更能令人聪明。

《随笔选》35 页

俗话说："人总是乐于把最大的奉承留给自己。"而友人的逆耳忠言却恰好可以治疗这个毛病。

《随笔选》36 页

"偷窃父母的，有人却说这不是罪，此人就是与强盗同类。"这是说，有人对待挚友，总是偏袒他们的错误，好像对他们有所指望，这反而使他们错上加错，把伤害变成了大不敬。

The Advancement of Learning，P184.

朋友之间可以从两个方面提出忠告，一是关于品行的，一是关于事业的。就前者而言，朋友的良言劝诫是一味最好的药。历史上的许多伟人，往往由于在紧要关头听不到朋友的忠告，而做出后悔莫及的错事。

《随笔选》36 页

就事业而言，有些人认为两双眼睛所看到的未必比一双眼睛见到的更多，或者以为一个发怒的人未必没有一个沉默的人聪明，或者以为毛瑟枪不论托在自己肩上放，还是支在一个支架上放会打得一样准——总之，认为有没有别人的帮助结果都一样。但这些话其实是十分骄傲而愚蠢的说法。

《随笔选》36 页

人尽管也可以自己规诫自己，但毕竟如圣雅各所说："虽然照过镜子，可终究是忘了原形。"

《随笔选》36 页

在听取意见的时候，有人喜欢一会儿问问这个人，一会儿又问问那个人。这当然比不问任何人好。但也要注意，在这种情况下会有两种危险。一是这种零打碎敲来的意见可能是一些不负责任的看法。因为最好的忠告只能来自诚实而公正的友人。另外这些不同源泉的意见还可能会互相矛盾，使你莫衷一是，不知所从。

《随笔选》37 页

友谊对于人除了以上所说这些益处以外，还有许多其他方面的益处，多得如同一个石榴上的果仁，难以一一细数。如果一定要说的话，那么只能这样来说：只要你想想一个人一生中有多少事务是不能靠自己去做的，就可以知道友谊有多少种益处了。

《随笔选》37 页

所以古人说：朋友是人的第二个"我"。但这句话的容量其实还不够，因为朋友的作用比这又一个"我"要大得多！

《随笔选》37 页

总而言之，当一个人面临危难的时候，如果他平生没有任何可信托的朋友，那么我只能告诉他一句话——那就自认倒霉好了！

《随笔选》38 页

失去一个朋友就等于死亡一次。

Elegant Sentences，Essays，P416.

生死有命，多少人临终尚惦着某件放不下的心事，诸如子女之安顿、工作之完成等等。但若是临终者有位挚友，他便可以瞑目安息，因为他知道身后事自有人料理；而就其所惦念的事情而言，可以说这个人有了两次生命。

《培根散文》90 页

　　一人只有一身，而一身不能同时在两地，但若是一个人在远方有朋友，就可以说那个地方为他和他的代理人提供了办事场所，因为他可以让他的朋友在那里做事。

《培根散文》90 页

　　再说人一生有多少自己难以启齿或不宜去说的事？如人不能既自己表功又显得谦逊，更不用说对自己的功绩大吹大擂；又如人有时候不能低三下四地去央告或恳求；这类不宜自己去说的话实在太多，但这些自己说来会赧颜的话出自朋友之口则很得体。

《培根散文》90 页

　　另外一个人的社会角色使他有许多没法摆脱的关系，如他对儿子说话得作为父亲，对妻子说话得作为丈夫，对他的敌人说话更须考虑自己的身份，但是朋友出面说话则可就事论事，不必考虑与听话人的关系。

《培根散文》90 页

　　听取某几位朋友的意见永远是可敬之举，因为旁观者往往比当局者看得清，身在谷底者更识山之面目。

《培根散文》159 页

　　世间少有真正的友谊，而在势均力敌者之间这种友谊更罕见，惺惺惺惺惺不过是世人惯常的夸张。真正的友谊只存在于身份地位有上下之别者之间，这种朋友才可能风雨同舟，休戚与共。

《培根散文》159 页

所以友谊对人心所起的作用的确就像炼金术士的点金石对人体所起的作用，因为点金石对人体的作用也完全相反，但却都具有好的性质。不过即使不替炼金术士鼓吹，通常也有一种明显的类似比喻，即任何物质之类聚均可增强并保持其天然作用，同时亦可削弱并减轻外力的影响；自然万物如斯，人之心亦然。

《培根散文》87 页

说到友谊开启理智这种作用，它也不仅仅限于那些可给予忠告的朋友（这种朋友的确最好），因即使没有这样的朋友，人亦可听自己说话，可以亮出自己的思想，像磨刃于石一般对其进行磨砺，须知此刃不会伤此砺石。总而言之，人宁可对一尊塑像或一幅绘画吐露心迹，也不要让所思所想在心里窒息。

《培根散文》87—88 页

为了充分说明友谊的第二种作用，且让笔者再进一步说说那本身非常清楚但一般人却没说明白的一点，即朋友的忠告。赫拉克利特有句晦涩的名言：不加渲染的最好。而毫无疑问，与仅凭自己的理解判断得出的见解相比，据朋友的忠告形成的看法通常都更为公允，更为完善，因为一个人的理解力和判断力总是浸泡在自己的偏好和习惯之中。

《培根散文》88 页

严于责己有时难免会过于尖酸刻薄，读劝善说教之经籍又有点枯燥乏味，而以人为镜有时候又不合自身实情；所以最好的药物（亦是最起作用且最易服用的药物）就是朋友的药石之言。

《培根散文》88 页

这就像你有病求医，找到一位善治你所患疾病但却不了解你身体状况的医生，结果他也许会治好你眼下的病，但同时却在另一方面毁掉你的健康，此乃所谓的治好疾病却杀了病人。但替你出谋划策的若是位熟悉你事业的朋友，他就会注意别为了办好你眼前的事务而替你招来其他麻烦。所以不要依赖零散的建议，它们往往只会引起混乱并造成误导，而很少能稳定事态并对其有所指引。

《培根散文》89 页

3　过分讲究礼仪是思想的大盗

礼仪是微妙的东西。它既是人类间交际所不可或缺的，却又是不可过于计较的。如果把礼仪看得比月亮还高，结果就会失去人与人真诚的信任。

《随笔选》41 页

注意仪表的目的就是在不干涉他人自由的情况下保持自己的尊严。而如果过多地注意言行和外部仪态，那么，首先它会变成一种瑕癖，但没有比把舞台的做作搬入生活更糟糕的事情了！即使它不那么严重，但无论怎样它要耗费时间，而且占据太多的思想的空间。

The Advancement of Learning，P180.

因此正如我们通常劝年轻学生不要结交玩伴时所说："朋友是时间的窃贼。"我们也可以说：过分注意礼仪是思想的大盗。

The Advancement of Learning，P180.

在语言交际中要善于找到一种分寸，使之既直爽又不失礼。这是最难又是最好的。

《随笔选》41 页

总而言之，礼貌举止正好比人的穿衣——既不可太宽也不可太紧。要讲究而有余地，宽裕而不失大体，如此才能做成事业。

《随笔选》42 页

只有确实内在品质很高的，才适合不拘小节。犹如没有衬景的宝石，必须自身珍贵才会蒙受爱重一样。

《随笔选》40 页

有人的举手投足活像每个音节都推敲过的诗行，可一个在鸡毛蒜皮上绞脑汁的人又何以能领悟宏旨大义？

《培根散文》167 页

不分场合地过于讲礼会使人感到厌腻，从而会使自己显得庸俗。

《培根散文》168 页

在处理大事时不可过分拘泥于俗套，在观察机会时不可过于谨小慎微，因为这二者皆为失措。

《培根散文》168 页

4 彬彬有礼可赢得荣誉

注意观察人生会看出，获得赞扬之道犹如善于赚钱之道，正像一句古话所说："积小利可以发大财。"同样，小节上的一丝不苟常可赢得很高的赞赏。因为小节更易为人注意，而施展大才的机会犹如节日，并非每天都有。因此，举止彬彬有礼的人，一定能赢得好的名誉。这正如伊丽莎白女王所说，乃是"一封四方通用的自荐书"。

《随笔选》41 页

也有人举止粗放不拘礼仪，这种不自重的结果是别人也放弃对他的尊重。

《随笔选》41 页

其实要习得优美的举止，只要做到细心就可以。因为人只要不粗忽，他就自然乐于观察和模仿别人的优点。

《随笔选》41 页

但假如在表现上过于做作，那反而倒会失去优美。因为举止美本身就包括自然和纯真。

《随笔选》41 页

要注意——在亲密的同伴之间应注意保持矜持以免被狎犯。

《随笔选》41 页

在地位较低的下属面前却不妨显得亲密会备受敬重。

《随笔选》41 页

温文尔雅的风度使自己感到满意，但不能使他们追求更高的美德。而品德上有缺陷的人只有追求体面的举止。

The Advancement of Learning，P180.

专心注意某人本身并无不妥，但须让对方知道你是出于敬重而非出于轻率。

《培根散文》168 页

附和他人通常是一条有益的规则，但附和时须加上自己的主见；如同意他人的见解须加上点不同看法，赞成他人的提议须附上个先决条件，而认可他人的计划则须提出进一步的理由。

《培根散文》168 页

在恭维人时须注意别太过分，不然你即使在别的方面都无可挑剔，你的嫉妒者也会说你善阿谀奉承，从而贬低你其他更为可贵的优点。

《培根散文》168 页

5　荣誉来自美德

人的荣誉应当与人的价值相称。如果荣誉大于价值，不会使人服气。反之，内在价值大于荣誉，就不会被认识。

《人生论》217 页

当一个人完成了从无人做过的事业，或者虽曾有人尝试，但失败了的事业，那么他所获得的荣誉，将远远高于追随别人而做的事业——哪怕后者更难也罢。

《人生论》217 页

有些人在荣誉上得不偿失，因为他不善于爱惜自己。

《人生论》217 页

假如一个人的所作所为有利于社会中的各种阶层和团体，那么他得到的荣誉就会更大。

《人生论》217 页

嫉妒是蚕食荣誉的蠹虫，所以要设法征服它。为此就应当使人相信，你所追求的目的不在荣誉而在事业，你的成功得之于幸运而并非由于你的优异。

《人生论》217 页

荣誉是来自，或者说只应该来自于美德。

《随笔选》144 页

谨言慎行的门客和家仆能极大地助长主人的名声，毕竟"主人的名声出自仆人之口"。

《培根散文》174 页

对帝王君主或是最高统治者而言，其荣誉可分为以下五等。第一等荣誉应归于那些江山社稷的创立者，第二等荣誉应归于那些立法者，他们亦被称作第二奠基人或"万世之君"，因为他们创立的法典在他们死后仍在治理国家。第三等荣誉应归于那些国家的解救者或曰救星，他们或结束了使人民受苦的长期内战，或从异族或暴君的奴役下拯救了祖国。第四等荣誉应归于国家的拓展者和保卫者，他们或在体面的战争中扩展了自己国家的疆土，或在高贵的战争中击败了敌人的入侵。第五等荣誉应归于有道明君，即那些在秉政期励精图治、创造出太平盛世的君王。

《培根散文》175—176 页

属于为臣者的荣誉可分为四等。第一等应归于分忧之臣，即那些能替君王分担重任的大臣，亦即世人所谓的左辅右弼。第二等应归于统兵之臣，即那些能代替君王率军出征并屡建战功的将帅。第三等应归于心腹之臣，即那些能够给君王以慰藉但不祸国殃民的内臣。第四等应归于称职之臣，即那些身居高位而效忠君王、日理万机且应付裕如的能臣。

《培根散文》176 页

此外还有一等堪称最高的荣誉，这种少有的殊荣当属那些勇于为国家利益捐躯或赴汤蹈火的忠臣。

《培根散文》176 页

6　财富是军队的辎重

我认为财产应该成为行善的本钱。

《随笔选》91 页

巨大的财产对个人并没有真实的用处，除非对于公益的事业。

《随笔选》91 页

财富是供消费的，而消费应以荣誉或行善为目的。因此，特殊的消费一定要看它是否值得。如果是为了国家，就值得倾家荡产。

《随笔选》88 页

财富应当用正当的手段去谋求，应当慎重地使用，应当慷慨地用以济世，而到临死应当无留恋地与之分手。

《随笔选》92 页

致富之术很多，而其中大多数是卑污的。悭吝还只是其中最纯洁的一种。虽然实际上这也是犯罪的，因为悭吝者不肯帮助穷人。

《随笔选》93 页

诚实挣到的财产是高尚的。这一要靠勤俭，二要靠正直无欺。但依靠卑劣得来的财富却是肮脏的。

《随笔选》93 页

由劳务活动取得财富，是高尚的。但这种劳务活动也应当是高尚的。

《随笔选》94 页

如果罪恶能换来金钱，那么圣人也会变成罪人。

Elegant Sentences，Essays，P415.

财富是德能的行李。因为财富之于德能正如辎重之于军队。辎重是不可无，也不可抛弃于后的，但是它阻碍行军，并且，有时候因为顾虑辎重而失却或扰乱胜利。

《培根论说文集》126 页

巨额财富出卖的人比买进的人要多（即金钱招祸多于救难——编者）。

Elegant Sentences，Essays，P423.

不要信任那些自称蔑视财富的人。因为他们之所以蔑视财富，也许只是因为他们没有财富。假如他们一旦发了财的话，恐怕没有人能比他们更尊重财神了。

《随笔选》94 页

即便你是一个最伟大的人物，检点自己的财产也并非有失身份。

《随笔选》89 页

一个人在某一方面开销大，就必须在另一方面有所节制。比如在吃喝上花钱多，就应在衣装上节省，在住房上讲究就应减少在马厩上的花费。处处都大手大脚，将难免陷于窘境。

《随笔选》89 页

因此所罗门有言：财物越多，食者越众；除了饱饱眼福，财主得何益呢？

《培根散文》111 页

任何人的个人享用都不可能达到非要巨额钱财的地步，有巨额钱财者只是保管着钱财，或拥有施舍捐赠的权利，或享有富豪的名声，但钱财于他们并无实在的用处。君不见有人为几粒石子或罕见之物开出天价？君不见有人为使巨额财富显得有用而着手某些铺张的工程？

《培根散文》111 页

不过读者也许会说，钱财可以替人消灾化难，正如所罗门之言：钱财在富人心里就像一座城堡。然此言正好道破天机，那城堡是在心里，而绝非在现实之中。

《培根散文》91 页

别在小钱上精打细算，须知钱财长有翅膀，有时它们会自己飞走，有时你得放它们飞走，以便带来更多财富。

《培根散文》114 页

人们通常把财产留给儿女或捐给社会，但或留或捐都以数额适中为妙。

《培根散文》114 页

同样，为虚名而馈赠的捐款和基金就像没加盐的祭品，不过是善行之涂金抹彩的墓冢，里面很快就会开始腐烂。因此勿用数量作你捐赠的标准，而要用标准来规定你捐赠的用途；并且不可把捐赠之事拖到弥留之时，因平心而论，死到临头才捐这赠那无疑是在慷他人之慨。

《培根散文》114 页

不清点自家财产者须用人得当，并且应该经常辞旧雇新，因新雇家仆多畏怯而少奸诈。

《培根散文》91 页

7　青年与老年

一般说来，青年人富于"直觉"，而老年人则长于"深思"。

《随笔选》43 页

青年的特点是富有创造性的想象和发明力，这似乎是得之于神助的。然而，热情炽烈而情绪太敏感的人往往要在中年以后方能成事，恺撒和塞普提斯就是例证。

《随笔选》44 页

具有沉稳性格的人则在青春时代就可成大器。

《随笔选》44 页

青年人长于创造而短于思考，长于猛干而短于讨论，长于革新而短于持重。

《随笔选》44 页

我们向老年人而不向青年人求教有关人类事物的更多的知识和较成熟的判断，因为老年人经验丰富，所见所闻所思所想的事物都是多而且博，这是很对的。同样，我们也有理由希望从我们的这个年代——只要知道自己的力量并愿奋发表现出来——得到远多于从古代所能得到的东西，因为它正是这个世界的较高年龄，其中已堆积和贮藏着许多实验和观察。

《新工具》62 页

青年人的性格如同一匹不羁的野马，藐视既往，目空一切，好走极端。勇于革新而不去估量实际的条件和可能性，结果常因浮躁而改革不成却招致更大的祸患。

《随笔选》44 页

这个寓言（从略）显示了前程似锦的青年的不幸结局。青年像清晨的儿子，具有光辉灿烂的年华，充满了幻想。他们总想做一些其力所不能及的事情。他们敢于向最勇敢的英雄挑战，从而引起一场拼杀。但结局却是不公平的，他们终于在伟大的事业中丧失了性命。不过他们的死，会得到无限的同情。因为再也没有比看到盛开的花朵夭折更可怕、更凄惨从而更令人痛惜和令人感动的灾难了。

Wisdom of the Ancients，Essays，P315.

老年人则正相反。他们常常满足于困守已成之局，思考多于行动，议论多于果断。为了事后不后悔，宁肯事前不冒险。

《随笔选》44 页

人们之所以在科学方面停止不前，还由于他们像中了蛊术一样被崇古的观念，被哲学中的所谓伟大人物的权威，和被普遍同意这三点所禁制住了。

《新工具》61 页

从社会的角度说，有经验的老人执事令人放心，而青年人的干劲则鼓舞人心。

《随笔选》44 页

如果说，老人的经验是可贵的，那么青年人的纯真则是崇高的。

《随笔选》44 页

要知道，世情如酒，越浓越醉人——年龄越大，则在世故增长的同时却愈会丧失正直纯真的感情。

《随笔选》45 页

所谓少年老成的人，常常是被挫失了青春锐气的人。

《随笔选》45 页

年少者也有可能老成持重，只要他不曾虚度光阴，然而这种少年老成毕竟罕见。

《培根散文》138 页

老年人富于经验，凡经验之内的事他们做起来都轻车熟路，但遇到新情况他们就可能误入歧途。

《培根散文》139 页

年轻人出错往往会使事情毁于一旦，年长者出错则只是使本来可做得更多更快的事情做得少点慢点。

《培根散文》139 页

不可否认，用人之道应是老少兼用。这样做有益于眼下，因为老少双方失成点可弥补各自之不足；这样做有益于今后，因为当年长者唱主角时年轻人可以效尤。

《培根散文》139 页

不过在道德风貌方面，年轻人应占主导地位，正如年长者在政治关系方面占支配地位一样。

《培根散文》139 页

8　君子爱财应取之有道、用之有度

但也别像修道士那样不食人间烟火，对金钱全然不屑一顾。只是挣钱要分清有道无道，就像西塞罗当年替波斯图穆斯辩护时所说：他追求财富增加显然不是为满足其贪婪之心，而是为了得到行善的资力。还应听从所罗门的教诲，别急欲发财，"急欲发财者将失去其清白"。

《培根散文》111—112 页

在诗人的虚构中，财神普路图斯受天帝朱庇特派遣时总是磨磨蹭蹭，而受冥王普路托差遣时却跑得飞快。这段虚构的寓意是，靠诚实和汗水致富通常很慢，但靠他人的死亡发财（如继承遗产之类）则快如钱财从天而降。但若把普路托视为魔鬼，这种虚构也恰如其分：因为当财富来自魔鬼时（如靠欺诈、压迫和其他不公正的手段获取财富），的确来得很快。

《培根散文》112 页

利用土地致富是最合理的生财之道，因土地提供的财富乃大地之母的恩赐，只是走这条路致富较慢。但已有万贯家财者若肯屈尊经营土地，其家财定会成倍增加。笔者曾识一位英格兰贵族，他当时需审计的账目为全国之最，因为他拥有大片的麦田、林场、牧场和羊群，还拥有巨大的煤矿、铅矿、铁矿和诸如此类的产业，所以大地于他就像是一片财源滚滚且永不枯竭的海洋。

《培根散文》112 页

有人说他挣小钱很难赚大钱却很容易，此话一点不假。因为一个人若像他那样拥有雄厚的资金，便可囤积居奇，恃强凌弱并与人合伙经营年轻人的行当，这样他非赚大钱不可。

《培根散文》112 页

凡乘人急需而漫天要价，凡贿赂雇员和代理人而招揽生意，或是耍手腕排挤其他可能更公平的商人等等，都是奸诈卑劣之举。至于做投机买卖，即购物并非为自己所用，而是为了再高价出售，这对原卖主和二手顾客都可谓敲诈。

《培根散文》113 页

如果选择的搭档可靠，合伙经营通常有大利可图。

《培根散文》113 页

放债取息乃最可靠的发财之路，但也是最有害的邪路，因放债取息者不仅让别人流汗自己吃面包，而且还在安息日盈利。不过放债取息虽说可靠，但也并非没有风险，因公证人和中间人常常为了私利替没有偿还能力的人作信誉担保。

《培根散文》113 页

若有幸率先获得某项发明或某项专利，有时候也可大发横财，如最先在加那利群岛建糖厂的那人。因此，一个人若能充当真正的逻辑学家，既善于发现又善于判断，那他就可以大捞一把，尤其是遇上走运得幸之时。

《培根散文》113 页

靠固定收入生活者终归难成巨富，而倾其所有投机者又往往会倾家荡产；所以最好是有份固定收入作投机冒险的后盾，这样即使投机失败也有退路。

《培根散文》113 页

在没有法律限制的地方，垄断商品并囤积待售乃发财之重要手段，在当事者能预见何种商品将供不应求，从而事先囤积时更是如此。

《培根散文》113 页

出仕受禄固然最为风光，但若俸禄之获取是靠阿谀奉承、偷合苟容或其他奴颜婢膝的行径，那这种钱亦可列为最卑污之类。

《培根散文》113 页

至于攫取遗嘱及遗嘱执行人身份，像塔西佗所说的塞内加那样用网捕捞遗嘱和遗孤监护权，这比前者更为卑污；因前者讨好的毕竟是公侯君王，而后者得讨好一些卑鄙小人。

《培根散文》113—114 页

不常清点自家财产者须对自己的收支作出明确的限定。

《培根散文》91 页

日常花销则应以个人的财产多少为度，须考虑量入为出，勿受仆人欺瞒，并尽可能安排得体面些，使实际花销低于外人的估计。

《培根散文》91 页

对一旦开始就会持续的长期性支出须慎之又慎，但对一次性消费则不妨慷慨一些。

《培根散文》91 页

9　有息借贷必须得到允许

有许多人都措词巧妙地抨击过有息借贷。有人说放债取息可悲，竟让魔鬼得到了上帝的份额，即十分之一。有人说放债取息者是最不守安息日的人，因为他们每个礼拜天都在盈利。有人说放债取息者就是维吉尔所说的那种雄蜂，而维吉尔在诗中写道：把那些好逸恶劳的雄蜂赶出蜂房。有人说放债取息者违犯了亚当夏娃堕落后上帝为人类制定的第一条法律，即"必须汗流满面才有面包可吃"，而放债者是让别人流汗而自己吃面包。有人说放债取息者都应该戴上黄帽子，因为他们已变成了犹太人。还有人说让钱生钱有悖天道。诸如此类的抨击不胜枚举，然笔者认为有息借贷只不过是对世人铁石心肠的一种让步，因为借钱贷款不可避免，而人的心肠又硬得不肯把钱白白借给他人，所以有息借贷就必须得到允许。

《培根散文》134—135 页

另有一些人已不无疑虑地对银行、个人财产申报及其他新举措提出了巧妙的主张，但却几乎没人对有息借贷发表过任何建设性的意见。而有益的做法是将有息借贷的弊与利都摆到大家面前，使它的好处有可能被认真考虑，被仔细挑出，并被谨慎地加以利用，以便我们在找到更好的做法前不致陷入更糟的境地。

《培根散文》135 页

　　有息借贷存在如下弊端：弊端之一是使商人减少，须知若无放债这种坐收利息的行当，货币就不会躺在钱箱里不动，其中大部分都会被用于商业贸易，而商业贸易乃国家财源的门静脉；弊端之二是使商人变劣，因为像农牧场主若能坐享高额地租就不会用心经营其土地一样，商人若能用资金放债牟利亦不会专心经营其买卖；弊端之三是之一之二的必然后果，那就是君王或国家的税收将会减少，须知税收的涨落与商业的兴衰成正比；弊端之四是一国的财富将被聚敛到少数人手中，因为放债人总能稳稳当当地坐收利息，而借债人却没有把握将本图利，所以到头来大部分钱都会装进放债人的钱柜，而一国之繁荣昌盛往往都是在财富分配较均匀的时期；弊端之五是使土地的价格下跌，因为金钱之大部分应用于商业流通和购置地产，可有息借贷使这两条渠道都受阻；弊端之六是有碍于工业企业、改良改革和发明创造，因为若无有息借贷作梗，金钱应该在这些方面发挥其积极作用；最后的一个弊端是，有息借贷将使许多人破产，从而渐渐造成一种全民贫困。

《培根散文》135 页

　　但从另一角度来看，有息借贷也不无其好处。首先，虽说它在某些方面对商业有所阻碍，可它同时也在另一些方面对其有所促进；因不可否认，如今的绝大部分贸易都是由一些靠有息借贷作资本的年轻商人在进行，所以如果放债人要求还清借款或不再贷出资金，那商业贸易无疑将马上陷于停顿。其二，若无这种容易到手的有息借贷，那人们一时之窘迫亦会导致他们突然破产，因为他们将不得不以极低的价格卖掉他们的资产（不管是土地还是货物），所以有息贷款固然会啃食借款人，但不景气的市场却会把他们一口吞掉。至于说抵押典当，那几乎也于事无补，因为受押人要么是拒收没有用的典押物，要么就是巴不得抵押人到期赎不回抵押品，从而将其收归己有。笔者记得有位狠心的乡下阔佬就爱嘀咕："让这有息借贷见鬼去吧，它使我们老留不住押在手里的物品和地契房契。"第三点亦是最后一点，这就是如今借钱不付利息已是一种空想，而且限制借贷将带来的诸多不便也令人无法想象，因此言取消有息借贷只是徒费口舌；再说所有国家都存在这种借贷方式，只不过种类和利率略有差别，所以取消有息借贷的建议只能向"乌托邦"提交。

《培根散文》135—136 页

权衡一下上文所说的利弊，有息借贷中似乎有两点需要改进：一是要磨钝有息借贷的牙齿，使之别把借款人啃得太厉害；二是要允许用一种公开的方式鼓励有钱人贷款给商人，从而使商业贸易能持久并快速地发展。要做到这点就必须采用两种不同的借贷，一种利息较低，一种利息较高，因为若把贷款都降成低息，那虽说一般人借钱容易，可经商之人却难以弄到资金；同时应该注意到，商业贸易最有利可图，因此商人可承受较高的利息，而其他借债人却不能承受。

《培根散文》136 页

要实现上文所说的两点改进，其做法大致应该如下：为有息借贷设定两种利率，一种是为所有人设立的不受限制的普通利率，一种是为某些人在某些地区从事商业活动而设立的有限制的特种利率。

《培根散文》136 页

因此首先应将普通年利率降至百分之五，宣布以此利率放债不受限制，并且国家应保证不对这种借贷施予处罚。此举将防止借贷活动全面停止或消失，将减轻这个国家无数借债人的负担，并将在很大程度上提高土地的价格，因为以相当于十六年租金的价格购置的土地每年可产生百分之六或更高一点的纯利润，而贷款利息仅为百分之五。因为这同样的原因，此举亦将刺激工业的发展和改良改革的进行，因为许多人会宁愿把钱投入这些方面，而不愿用其放债收百分之五的利息，尤其那些习惯了收取高利息的人更是如此。

《培根散文》136—137 页

其次，应允许一些人以较高的利率借钱给已知的商人，不过这一特许之实施须保证做到以下几点：一、即便借款者是商人，这种借款的利息也应比他们从前所付的稍微低点，从而使所有借款人（不管是不是商人）均可因这一改进而多少减轻负担；二、放债人不能是银行或者说公共资金的保管者，而应该是货币的实际拥有者，这并非因为笔者完全不喜欢银行，而是因为考虑到某些令人生疑的银行活动，所以不能给予它们这种特许；三、国家应对这种特许放债征收少量税款，而把大部分利润留给债主，因放债人不会因减少这一小点利润而失去信心。举例来说，一个从前取百分之十或百分之九利息的放债人宁愿把收益降到百分之八，也不愿放弃这稳稳当当的收益转行去赚取其他有风险的利润；四、对这些特许的放债人数量上不应限制，但应把他们的借贷活动限制在某些重要的商业城镇，这样他们就不可能把别人的钱当自己的钱用，即不可能以百分之五的利息借进普通贷款，然后以百分之九的特许利息贷出；因为谁也不愿把钱借到远方，借到不知根底的人手中。

《培根散文》137 页

如果有人反对，说这样一来就在某种程度上正式认可了有息借贷，而以前它只是在某些地区被人容忍；那笔者的回答是：对于有息借贷，与其默认其存在从而任其流行，不如公开宣布其合法从而对其加以约制。

《培根散文》137 页

10   世间万物都转瞬即逝

所罗门说这世间并无新事。甚至像柏拉图以为所有知识都不过是回忆一样，所罗门亦认为任何新事都不过是被人遗忘之往事。由此看来，勒忒河不仅流在冥国，而且也淌在人间。

《培根散文》185 页

有位深奥的占星学家曾说，天地间只有两种东西恒久不变，一种是相互间永远不即不离、保持等距的恒星，一种是永远严守时刻的周日运动，除这二者之外，世间万物都转瞬即逝。

《培根散文》185 页

毋庸置疑，万事万物都一直在不断变化，从未停息。

《培根散文》185 页

但这世上有两块巨大的裹尸布，它们能把过去的一切都埋入忘川，这两块裹尸布就是洪水和地震。至于大火与大旱，它们虽可造成毁灭，但不会使人类绝种。

《培根散文》185—186页

这里须进一步指出的是，虽说在毁灭性的洪水和地震中也有人逃生，但幸存者往往都是些无知无识的山民，他们不可能对过去作任何记载，结果就和无人幸存一样，所有往事都被湮没在遗忘之中。

《培根散文》186页

我曾听说过一件有趣的事，而我不想让此事不被人稍加注意就完全丢开。据说有人在低地国家（我不知道在哪个地区）观察到，那里每隔三十五年就会出现一次相同的年景和气候，如严霜、多雨、大旱、暖冬和凉夏等等。他们把这种现象叫做"复初"。

《培根散文》187页

战争之变化可谓无穷无尽，不知凡几，但主要的变化在于三个方面：一是发生战争的地域，二是作战使用的武器，三是运用的战略战术。

《培根散文》189页

说到武器的使用，这几乎无章可循且不大为世人所注意，然而笔者仍发现，连武器之使用也有其变化与轮回。可以肯定的是，世人已知印度人在奥克斯拉斯城之战中曾使用过火炮，即那种被马其顿人称为雷电或魔火的武器。而众所周知，中国人使用火炮大约已有两千年历史。武器的性能和使用有以下变化趋势：一是要能攻击远处目标，以减少使用者的危险，这种变化已见于大炮与滑膛枪的出现；二是攻击力要强，在这方面大炮已超越了各种攻城槌和古代的所有发明；三是要使用方便，即要容易携带、容易操纵并在任何气候条件下都能使用等等。

《培根散文》191 页

至于战略战术的变化，起初人们作战很依赖军队的数量，战争主要是靠兵力和士气取胜。那时候他们往往是选定日子对阵厮杀，在公平的战斗中决出胜负。可以说当时他们还不懂排兵布阵。后来他们慢慢懂得了兵不在多而在精的道理，并逐渐学会了抢占有利地形和迂回包抄、声东击西等战术，而且指挥部署的能力也大为提高。

《培根散文》191 页

一个国家年轻时往往武事最盛，到壮年时其学术则会繁荣，然后会有一段文武并兴的时期，最后便步入文竭武衰的残年，但此时其工艺技术和商业贸易则最为发达。

《培根散文》191 页

学术也自有其幼稚的童年期，接着才有风华正茂的青春期，然后是厚积薄发的壮年期，最后便步入每况愈下的暮年晚景。

《培根散文》191 页

然而这轮回变迁之世事不宜多看，以免那无常的巨轮令我们头晕。

《培根散文》191 页

说到帝王们的后妃，历史上不乏祸起后宫的残酷事例。莉维亚因毒死其丈夫而声名狼藉。奥斯曼帝国苏丹苏里曼一世之宠后罗克娑拉娜不仅是害死太子穆斯塔法的罪魁，而且是扰乱皇家宫廷、混淆皇家血统的祸首。英王爱德华二世之后亦是废黜并谋害她丈夫的主谋。所以当后妃们密谋让自己的儿子继位，或者是当她们与人私通之时，君王尤须提防上述危险。

《培根散文》59—60 页

至于君王们的子嗣，由他们引发的祸乱也屡见不鲜，而不幸的悲剧通常都始于君王们对其子嗣的怀疑。

《培根散文》60 页

历史上这类事例不胜枚举，但少见为父王者从对子嗣的猜疑中得到好处；不过儿子们公开举兵反叛当属例外，如苏里曼一世诛逆子巴耶塞特，又如英王亨利二世败其三个逆子。

《培根散文》60—61 页

这种危险并非由于教会本身，而是由于教会有国外势力撑腰，或是由于神职人员之选任不是靠君王或有圣职授予权者的决定，而是靠平民百姓的拥戴。

《培根散文》61 页

至于市贾商人，他们好比国家的门静脉，若门静脉血量不盛，国家即使有健全的四肢也难免会出现血管供血不足的情况。

《培根散文》61 页

至于士卒兵丁，若让他们建制不变、久驻一方并习惯于领赏，那对君王将是一种危险。土耳其御林军之骄纵和古罗马禁卫军之贪残均可作为后事之师。防范之道是让兵无常帅、驻无常地。并不给赏赐，如此君王可高枕无忧。

《培根散文》62 页

帝王君主好比天上的星宿，可带来盛世，亦可造成浊世。他们受人崇拜，但却永不安宁。

《培根散文》62 页

所有对君王的戒律实际上可归纳为两记：一是记住你是凡人，二是记住你是神或神的化身；前者约束君王的权力，后者则限制君王的欲望。

《培根散文》62 页

欲求高位者可怀有三种动机：一是想获得佐政济世的条件；二是想获得攀龙附凤的机会；三是想获得发财致富的时运。抱着第一种动机入仕者才是值得信任的良臣，而能甄别分辨这三种动机的君王才算有道明君。

《培根散文》122 页

三、国家君主篇

1　君王无所欲无所求，但却是可悲的

帝王的内心世界，常常是无所可欲而多所畏惧，这真是一种可悲的心境。他们高踞于万民之上，至尊至贵，当然对生活无所渴望和需求。但是，他们却正因此而倍加烦恼，因为他们不得不时时提防各种可能的阴谋和背叛。

《人生论》96 页

对于帝王来说，他的敌人又似乎举目皆是——无论邻国、妻子、儿女、僧侣、贵族、绅士、盲人、平民还是士兵，稍有不测，都可能成为仇敌。

《人生论》97 页

与邻国的关系随形势而多变，但无论怎样变，却有一条总是永远不变的，这就是：要自强不懈，警惕你的邻国（在领土、经济或军事上）强于你。

《人生论》98 页

再谈帝王与宗教领袖的关系。如果宗教势力过大，那对他的统治也会形成可怕的威胁。例如历史上的坎特伯雷大主教安萨姆和贝克勒，都曾企图把教权与王权集于一身。他们用手中的权杖对抗君主的剑，如果不是遭遇到强有力的对手，他们几乎就得手了。

《人生论》99 页

至于贵族们，帝王应当对他们保持一定的距离。但如果过于压制他们，这虽然有助于加强中央集权，但也可能导致政治的危险。关于这一点，我在《英王亨利七世传》中曾作过讨论。由于亨利七世一直与贵族阶级对立，因此在他那一时代，王权始终是面临着危险的。贵族们对他保持着表面的恭顺，在事实上却不肯与他合作，使他的处境十分孤立。

《人生论》100 页

社会上的绅士阶层，对王权的威胁要小得多。不妨让他们放言高论，但却不要让他们结成社团。他们既是贵族势力的制约，而且由于他们接近平民，也可以利用他们调和帝王与人民的关系。

《人生论》100 页

至于国家中的平民，需要注意他们中间的那种精英人物。若没有这种人的发动和领导，只要君王不对人民的生活、风俗、宗教信仰做粗暴的干涉，那么人们是不会闹事的。

《人生论》101 页

因若无一种占支配地位的企望来规范妒羡戒疑等诸多感情，任何人的内心都难测或叵测。于是乎每每也有帝王替自己营造欲望，把心思寄托于一些琐事：或设计一座建筑；或新创一种祭礼；或栽培一位臣僚；或精于某种技艺，如尼禄之精于竖琴，图密善之精于射箭，康茂德之精于角斗，以及卡拉卡拉之精于驾车；此类事例，不一而足。有人会觉得这似乎难以置信，殊不知此乃人之天性使然，即在小事上有所进取比在大业上停滞不前更使人心情舒畅，精神振奋。

《培根散文》57 页

世人尚可看到，有些君王早年东征西讨无往而不胜，但由于征服不可能无限，成功总有尽头，结果他们在晚年或变得迷信，或郁郁寡欢，例如亚历山大、戴克里先和世人尚记得的查理五世等等。因习惯勇往直前者一旦发现自己止步，往往会自暴自弃，不复故我。

《培根散文》57—58 页

不可否认，近代君王巩固霸业之智谋与其说是可防患于未然的真谋实策，不如说是待灾难临近时如何消灾避难的权宜之计；然而这纯粹是在同运气较量。

《培根散文》58 页

君王们务须注意，别忽略或容忍欲作乱者备下柴薪，因为谁也没法阻止火星迸发，而且也难测火星会来自何方。

《培根散文》58 页

君王巩固其霸业之困难既多又巨，但最大的困难往往是在他们心里。因为君王们想法矛盾是常有的事，（正如塔西佗所说）"为人君者之欲望通常都极其强烈但又互相矛盾"；因既想达目的又不忍用其手段乃当权者之致命错误。

《培根散文》58 页

预见并阻止上述情况之发生通常应是政府枢要的工作。在英王亨利八世、法王弗兰西斯一世和神圣罗马帝国皇帝查理五世三雄鼎立的年代，三国之间就这样互相监视，一方若得巴掌大一块领土，其余两方也会马上着手使之均衡，或以结盟之手段，必要时则诉诸战争，绝不会牺牲本国利益以换取和平。与上述情况相似的还有由那不勒斯王斐迪南、佛罗伦萨共和国僭主罗伦佐·梅迪契和米兰大公卢多维卡·斯福尔扎结成的联盟（圭恰尔迪尼称该联盟为意大利的安全保障）。

《培根散文》59 页

2　谏言与国家安危

君主的安危与能否得到忠告是密切相关的。君王应当怎样利用忠告，古人曾经作过很高明的寓意深刻的议论。

其一，古诗中说众神之王丘辟特的妻子是米狄司。而这位米狄司正是言论之神。古人借这个故事表明言论对君主的重要。

其二，这故事还有这样的下文：后来米狄司怀了孕，但是丘辟特不愿让她生下这个孩子，他把她吞吃了。结果他发现自己怀了孕。后来就由丘辟特的头顶上生出了全身披挂的儿子帕拉斯。这个故事看起来很荒唐，却蕴涵着一种深刻的思想。它启示我们：明智的君王应当把国家大事交付给臣民去议论——这好比丘辟特与言论之神的婚姻，而把由这种讨论所产生的结果作为自己的决策，付诸实践——这好比由丘辟特的头脑中生出言论之神的儿子。

这样，君主就能既具有英明果断的形象，又能得到广大臣民的拥护了。

《随笔选》73 页

尤其应当懂得，开放言论不仅不会削弱君主的权威，而且有助于加强它。因为允许自由言论表明了政策本身的强大，它足以经得起言论的干扰。

《随笔选》74 页

自由开放的言论中将既有良言，也有奸言。

《随笔选》74 页

偏见偏信是误事的，所以不要轻易相信告密。

也不要被众意所胁，这将使侍从认为你软弱无能。

《人生论》201 页

自由开放的言论未必得到的都是善言。但是要知道，"大地上本无忠诚"。虽然这并不能包括一切人。确实有人天性就是忠实、诚恳的。君主应当把这种人团结在自己周围。而对那些心怀私欲的进言者，君主应当想到，只要有自由开放的言论环境，他们的私欲是很容易被另一些与他们利害不同的另一些人所揭露的。

《随笔选》75 页

而对于君主来说，最重要的问题是审慎地鉴别和选择各种建议，使自身不被各种私欲和感情所蒙蔽。在这里用得着先哲那句名言："慧眼识人是君主应有的美德。”

《随笔选》75 页

另一方面，作为有进言责任的官员，在进言中不应一味只投君主所好。一个言官的应有的品格，是以国家的事业为己任，而不是关注主人的性格，否则他就只会阿谀他，而不是帮助他了。

《随笔选》75 页

当君主主持一次讨论的时候，应当注意，在讨论进行的过程中，不可率先泄露自己的意向，以免给与会者带来暗示和压力，使到会者不肯再发表自己的个人意见。否则，这种讨论就只能听到一片“我主圣明”的赞歌了。

《随笔选》77 页

作为君主，应当既善于听取公开发表的言论，又能听取私下的看法。因为二者有时并不一致。私下发表看法较为自由，可能更真诚地袒露内心。而在公开场合，一个人的意见就容易受占多数者看法的影响。尤其在听取等级较低者的意见时，最好在私下，以便他们敢于畅所欲言。

《随笔选》75 页

而在听取等级比较高贵者的意见时，最好是在公众的场合。这样就可以使他们有所顾忌而出言慎重。

《随笔选》75 页

现在再说帝王的威严。善于保持威信者，是懂得恩威并施这种驾驭之术的人。这意味着要在两个极端之间掌握平衡，却又绝非一件很容易的事。

维斯帕思曾问阿波罗尼亚："是什么原因导致尼罗王的失败？"阿波罗尼亚说："尼罗王虽然是个高明的琴师，但在政治上却显然不精此道。他有时把弦绷得过紧，而有时又把弦放得太松。"毫无疑义，宽严两误是导致政治失败的契机。

《人生论》97 页

若君王只为用何法行事而广开言路，却不为用何人行事而集思广益，其求言纳谏也终归枉然；盖因欲行之事乃无生命之计划，其实施执行之活力全在于用之得人。

《培根散文》66 页

考虑人选的品格素质不可仅凭其等级地位，正如不可仅凭自己的模糊记忆或他人的精确描述，因大错之铸成或大智之显示都在于人之选择。

《培根散文》66 页

有至言道死者乃最称职的谏官，因即便生者因畏罪而结舌，书本也会直言进谏。故为君者博览群书不无裨益，尤其当读那些曾经也是君王的人所写的书。

《培根散文》66 页

今人议事多如亲友集会，对所议之事往往议而不辩，结果议题轻而易举就变成了议会的条例和法规。

《培根散文》66 页

对重大问题之议论，最好是提前一天公布议题，待次日再付诸审议，俗话说"夜晚乃智谋的时辰"。

《培根散文》66 页

笔者赞赏议院为请愿安排出日期，这种安排使请愿者更清楚他们何时可来议院，同时也让各类会议有工夫讨论国事，从而使当务之急得到及时处理。

《培根散文》66—67 页

关于议会各临时委员会的人员，最好是选那些无偏无党的中立者，不应为造成一种均衡势态而选任对立双方的死党。

《培根散文》67 页

笔者亦赞成建立一些常设性委员会，诸如负责贸易、金融、战争、诉讼和某些殖民地事务的委员会；因为既然有各种各样的议会特别会议，但却只有一个议会（和西班牙一样），那么这些特别会议实际上就等于是常设委员会，只是它们的权力更大些而已。

《培根散文》67 页

应该由各常设委员会先听取各相应行业人士（如律师业、航海业和皇家铸币厂的人士）向议会的报告，然后在适当的时机再提交议会；勿让报告者成群结队而来，亦不容他们慷慨激昂地陈词，因为那不是在向议会报告，而是在胁迫议会。

《培根散文》67 页

安排会议座次或沿长桌、方桌，或绕墙置位，这看上去似乎只是形式问题，但却有实质上的不同；因若在长桌旁开会，坐首端的少数人实际上会左右整个议程，而若以其他形式排座，那位次较低者的意见便会多见采纳。

《培根散文》67 页

人与人之间最大的信任莫过于接受诤言。因为在别的信托中，人所托付的只是其生活之一部分，如田地、财产、子女、信贷或某项具体事物；但对自己心目中的诤友或谏官，从谏者则往往是以身家性命或江山社稷相托；所以进言者务须是忠义两全。

《培根散文》63 页

明智的君王不必以为求言从谏会有伤其龙颜或有损其君威。上帝若不倡从谏，就不会把"劝世者"这一称谓作为其圣子的诸多尊号之一。所罗门曾曰"从谏如流方可长治久安"。

《培根散文》63 页

凡事都有其波动，只是或早或迟；若不任其颠簸于室议廷诤之中，它们就将颠簸于命运的波涛之上，而后一种颠簸犹如醉汉之蹒跚，说不定何时一个趔趄就摔跟头。

《培根散文》63 页

作为后事之师，今人往往可凭此谏例明察两种偏辞谵语：一是乳臭小儿议人之妄说，二是张狂之徒议事之狂言。

《培根散文》63 页

求言纳谏之弊病已见者有三：其一是议事外传，于保密不利；其二是有损君威，显得他们并非无所不知；其三是有佞臣进谗言的危险，结果从谏对进言者比对纳言者有利。

《培根散文》64 页

说到保密，君王无须把欲决之事告诉每一位顾问，而是可以择善者而言之；何况征询该用何法者也无须言明他将用何法。只是君王们得当心，勿让自己的秘密从自己口中走漏。至于密室顾问会议，下面这句台词可谓一语道破天机，"我真是漏洞百出"，因为只要有一个以饶舌为荣的白痴，其他人都懂沉默是金也乃白搭。

《培根散文》64—65 页

进言者寡也并非不是好事，因为除有利于保密外，其所陈意见往往都精神一致而无分歧；不过在这种情形下，纳谏者须是既英明睿智又能独行其是的君王，进言者亦须是足智多谋之辈，尤其是得忠于君王的宏旨。此例可见于英王亨利七世，他每行大事总是秘而不宣，最多只与莫顿和福克斯商议。

《培根散文》65 页

3 发现才能

人们应该不偏不倚地看待自己的才能和优点，也应该不偏不倚地考虑到自己的缺陷和短处。多考虑这些，对于其他则尽量少寻思。从这方面说，我们应该作如下考虑。

第一，考虑自己的天性素质与时代的总趋势是否合拍。如果他们发现他们与这个时代符合与融洽，那么他们就可以在任何事情上干一番大作为，尽情地施展自己的才能；但如果发现自己与时代趋势相左和不协调，那么最好还是急流勇退，解甲归田而修身自好——如提伯留斯在自己最后的十二年中从未进入元老院，也不为人所见；相反，奥古斯都却总是活跃在人们的眼中，正如塔西陀所说："他的生活方式与提伯留斯有霄渊之别。"

第二，考虑他们的天性是否与职业和生活道路相适应，由此作出抉择——如果他们是自由的。如果他们身不由己，那么要设法不放过任何机会（摆脱不合适的职业）。如瓦兰廷公爵所做的：他父亲为他安排了一份教职，但他一发现自己另有所好，就迅速摆脱了教职。

第三，考虑他们将具有怎样的竞争者和同行，然后选择最能发挥自己长处的而又最冷僻的道路。比如，恺撒。朱利亚刚开始是个演说家或抗辩人，但当他看到西塞罗、霍顿修斯、卡图鲁斯和其他人具有那么杰出的演说才能时，当他同时看到国家所依赖的军事人才只有庞培一人比较出名时，他抛弃了在公民和公众面前大显风头的最初愿望，转而追求疆场上的辉煌显赫。

第四，选择朋友和随从时，要挑那些与自己的性情合得来的人。如我们可以看到，恺撒的朋友和随从都是积极的和有效率的，而不是道貌岸然之辈或小有名气之流。

第五，要特别注意，不要认为别人做的，自己也能做。要根据自己的实际情况。因为或许自己的天性和作风并不适合做这类事情。庞培似乎犯了这样的错误（西塞罗曾谈到过），"希拉做过的，我为什么不能做？"在这里庞培大错而特错了。因为他自己的天性和他所模仿的人截然相反：一个残忍狂暴，不顾一切；而另一个严肃和充满崇高和儒雅的气质，自然缺乏蓬勃的朝气。

The Advancement of Learning，PP. 194—195.

在一次宴会上，有人邀请雅典政治家塞米斯托克里演奏竖琴。但是他却说："我不精此道。我只会将一个小镇发展成一个大城。"尽管他说此话时态度极其倨傲，但这句话却可以一般地用来评论政治家。如果我们观察一下历代的治国者，就会发现此辈确划分为两类——有一类人善于把小镇变成大城，却不会弹竖琴。另一类人精于竖琴，却不会把小镇变成大城。不仅如此，他们往往还有一种相反的政治天才，就是把一个伟大兴旺的强国治理得凋零破落。

《人生论》134 页

此外还有一种政治家，他们仅能守成却无能创业。

《人生论》134 页

还有人善于结党钻营，可是真做起事来却身无一技。

《随笔选》125 页

要知道，人情练达与理解人性并不完全是一回事。有许多很世故很会揣摩人的脾气性格的人，却并不是真正有学问的人。这种人所擅长的是阴谋而不是研究。

《随笔选》125 页

4　因材施用

选择办事人时要做到因材施用。譬如使用有勇气的人争论，用会说话的人劝导，用机警的人探询观察对方意向，而鸡鸣狗盗之徒，则可以去办那种需要做手脚的事情。对于过去已被证明办事效率高的幸运儿，应当重用。这种人不仅有自信，而且将会努力做得好，以保持自己过去的光荣。

《随笔选》61 页

作为君主必须善于驾驭这种有野心的人，要引导他们前进而不要让他们感到失意，否则他们会把自己与其所承担的事业一同毁掉的。当然，对这种人，最好还是以不使用为好。但在有些情况下，却又是不得不依靠这种人的。

《随笔选》146 页

例如在战争中，必须挑选有将才者，这时就不能顾及他们是否怀有某种野心了。而且没有野心的武将也如同没有鞭策的马，是跑不快的。

《随笔选》146 页

对侍从不可过于纵容，要提高他们的品德和素质。在一般情况下，平庸者要比有才者可靠。而在特殊情况下，有才者比有德者可用。

《人生论》200 页

对某些人过于优宠，可能会使他们变得骄纵。并且使另一些人产生怨恨。因为他们既然资格相同，所以总希望待遇也公平。

《人生论》200 页

对于任何侍从，开始都不应给予厚待。否则以后你就难以再作奖励。

《人生论》201 页

如果处理得宜，就可以以同等标准选拔才俊。这既能使被选拔者有知遇之感，又可以使其他人更加奉承。

《人生论》200 页

偏见偏信是误事的，所以不要轻易相信告密。

《人生论》201 页

如果你要驱动某人，你就要摸清他的天性和爱好，以便引导他；了解他的目的，以便劝告他；摸清他的弱点和缺陷，以便威慑他；还要了解对他感兴趣的人，以便控制他。

Elegant Sentences，Essays，P425.

不可喜欢身价太高的门客，只怕那会使你像孔雀一样长了尾巴短了翅膀。我说身价太高并非仅指那种消耗钱财者，也指那些令人厌倦者和纠缠不休者。须知除主人提供的赞助、推荐和庇护之外，一般门客不应再提出更高的要求。

《培根散文》158 页

而那些好拉帮结派的门客更不可喜欢，因为他们来投靠你门下并非出于对你的敬慕，而是出于对另外某人心怀不满，于是接踵而来的就往往是我们常见的大人物之间的误会。

《培根散文》158 页

那种爱替主人当吹鼓手的门客也往往会招来麻烦，因为他们只顾吹嘘而不知保密，结果会成事不足败事有余，不仅有损主人的名望，而且为主人招来妒忌。

《培根散文》158 页

还有一种门客也很危险，他们实际上是密探，善于打探主人家的秘密并将其告诉别人，然而这种人每每最受宠信，因为他们既殷勤又谦恭，而且常常能告诉主人他们用主人家的秘密交换而来的他人的秘密。

《培根散文》158 页

至于说某位大人物被一些与其职业身份相符的人追随（比如某位参加过战争的要人被军人追随），这一直都被视为民间常事，即使在君主制国家也无可厚非，只要被追随者不过分炫耀或过于深孚众望。

《培根散文》158 页

5　勇气——最重要的才能

如果问：在人生中最重要的才能是什么？那么回答是：第一，无所畏惧，第二，无所畏惧，第三，还是无所畏惧。

《随笔选》79 页

尽管无所畏惧的狂妄乃是无知愚昧的产儿，但是却总能迷惑并左右许多愚人。甚至这种狂妄的盲勇有时还能吓住许多智者——当他们意志不够强的时候。

《随笔选》79 页

盲目的勇气是不能信赖的，它总是在不知其后果之可畏者那里最强，若知道就要消失了。

《随笔选》79 页

对于饱经世事者，自称无所畏者是轻率的、可笑的。其实，既然荒唐就是不美的品格，那么对于无畏无忌狂妄者，总是很少能避免荒唐的。最可笑的事无过于一个吹牛皮的狂人被拆穿了。因为这种人不懂，语言行事无论怎样有把握，还是要留下一点进退的余地。这种狂人办事，就好比下棋陷入僵局，即使不分输赢，也使得这一局棋无法再走下去了。

《随笔选》80 页

我们要时时注意，勇气常常是盲目的，因为它没有看见隐伏在暗中的危险与困难。因此，勇气不利于思考，但却有利于实干。因为在思考时必须预见到危险，而在实干中却必须不顾及危险，除非那危险是毁灭性的。所以对于有勇无谋的人，只能让他们作帮手，而绝不能当领袖。

《随笔选》80 页

有种情况与上文所说有惊人的相似之处，这就是国家事务中的胆大妄为。对国事而言什么最重要？——胆大。其次呢？——胆大。再其次呢？——还是胆大。

《培根散文》35 页

不止于此，我们还将看到胆大者屡屡创造穆罕默德式的奇迹。穆罕默德曾让人相信：他将把一座山唤到跟前，然后从山顶上为奉行他律法的信徒们祈祷。人们聚集到一起，穆罕默德一遍又一遍地呼唤那座山；山纹丝不动，可他一点不见尴尬，只是嘀咕道：即使山不肯到穆罕默德跟前来，穆罕默德也要到山上去。

《培根散文》36 页

6 野心是狂暴的，但它是推动力

野心有如胆汁，它是一种令人积极、认真、敏速、好动的体液——假如它不受到阻止的话。但是假如它受了阻止，不能自由发展的时候，它就要变为焦躁，从而成为恶毒的了。

类此，有野心的人，如果他们觉得升迁有路，并且自己常在前进的话，他们与其说是危险，不如说是忙碌的；但是如果他们的欲望受了阻挠，他们就要变为心怀怨愤，看人看事都用一副凶眼。

《培根论说文集》136 页

在自然中，事物在奔向它们的位置时是狂暴的，但是当它们处于自己的位置时则是平静的。所以，野心是狂暴的，而权威却是稳重而平静的。

Essays，P419.

为君主者，如果用有野心的人，须要调度得使他们常在前进而不后退，方为有益，这种办法既不能没有不便之处，因此最好不要用有这种天性的人。因为如果他们本身与他们所从事的职务不同时并进的话，他们定将设法使他们的职务与己身一同堕落的。

《培根论说文集》136 页

在战争中必须要用良将，不管他们是如何地有野心；因为他们的功劳的用处是可以抵偿其他的一切的。用一个没有野心的军人是和解除他的刺马轮一样的。

《培根论说文集》137 页

这样的人，假如是出身微贱，就比出身贵族的人危险性少，如果是天性暴戾，就比仁爱而得人心的人危险性少，若是新被擢升，就比一向有势，从而变为狡黠善防的人危险性少。

《培根论说文集》137 页

说到各种野心，其目的专要在大事上出风头的那种野心比那要事事显身手的那种野心为害较小；因为后者滋生混乱，扰害事务也。然而使一个有野心的人忙于事务，比使他拥有广大的从众是危险性较少的。那要在能干的人们之中出风头的人是给自己出难题做的，但是那总是于公众有利的。但是那图谋想在一切的零号中为唯一的数字的人，则是一世人的毁灭者。

《培根论说文集》138 页

一般言之，帝王和共和国最好在选择大臣的时候，选用那些责任之感敏于升迁之感，为良心而爱做事而非为显扬而爱做事的人们；并且他们还应当把喜事的天性与愿意服务的心性辨别出来。

《培根论说文集》138 页

当君王遇到危险或遭受妒忌时，可用有野心之人作为屏障；因为除了这种像瞎眼鸽一样因看不见周围事态而只顾往上蹿的人外，谁也不愿意充当挡箭牌的角色。君王还可以利用有野心者除掉任何拥权自重的大臣，就像当年提比略用马克罗除掉塞雅努斯一样。

《培根散文》120—121 页

由此可见，既然在上述情况下对有野心者非用不可，那就有必要再谈谈如何对这种人加以控制，以便把他们的危险性减少到最低程度。

《培根散文》121 页

有人把豢养心腹亲信视为君王的一种缺点，殊不知此乃对付野心家们的最佳良策，因为既然讨好或触怒君王的路子都在这些亲信的脚边，那其他任何人都不可能变得过于位高权重。

《培根散文》121 页

限制野心家们的又一办法是让另一些心高气傲者与他们势均力敌，但此时朝中须有一股中间势力以保持事态平稳，因为航船若无压舱物会颠簸得太厉害。

《培根散文》121 页

至于说设法让有野心的人时时感到如履薄冰，这对那些生性怯懦者也许是可行的良策，但对那些胆大妄为者则可能适得其反，会促使他们图谋生乱。

《培根散文》121 页

至于说当情势需要君王对野心家们加以铲除，而一时又没有可一举成功的可靠手段，那唯一的办法就是不断地对他们恩威并施，赏罚并行，使他们仿佛身处密林而不知该取何路。

《培根散文》121 页

7 不公正的审判污染水源

作为法官，应当具有高度的修养。他们应当富有知识而不应机敏多变，应当持重庄严，而不是热情奔放，应当谨慎小心而不是刚愎自用。

《随笔选》102 页

每一名法官首先应当牢记罗马十二铜表法结尾的那个警句："使人民幸福就是最高的法律。"应当知道，一切法律如果不以这一目标为准绳，则所谓公正就不过是一句梦呓。

《随笔选》105 页

我们应当懂得，一次不公正的裁判，其恶果甚至超过十次犯罪。因为犯罪虽是无视法律——好比污染了水流，而不公正的审判则毁坏法律——好比污染了水源。所以所罗门曾说：谁若是使善恶是非颠倒，其罪恶犹如在庐井和饮泉中下毒。

《随笔选》103 页

当面对复杂的案件时，法官不应被任何压力、诡辩、阴谋所左右。

《随笔选》103 页

法官不应当被律师的滔滔雄辩所打动。

《随笔选》105 页

法官如果被贪赃枉法的警吏所围绕，那么从这里也是绝对不可能采到公正的果实的。法庭中的警吏绝不能用四种人：那种包揽诉讼的讼棍，借司法以谋私的法院寄生虫，狡默之徒，敲诈勒索之徒。有人把法院比作灌木，当有困难的人像逃避风雨的羊一样钻入丛中，多少总会刮伤一些皮毛的。而如果法庭上有了这几种人，那么恐怕就不仅是掉点毛的事了。

《随笔选》105 页

要知道，世间的一切苦难之中，最大的苦难无过于枉法了。

《随笔选》104 页

在有关人命的大案中，为法官者应当在法律的范围内以公平为念而毋忘慈悲；应当以严厉的眼光对事，而以悲悯的眼光对人。

《培根论说文集》194 页

为人打官司是伤天害理之事，虽然律师有时也可以主持正义。

《人生论》202 页

但律师承包案件绝非出于对你的同情，而只是为了从你的官司中谋利。

《人生论》202 页

如果由于感情的关系，律师不得不站在没理的一方立场上时，他还不如劝两方和解，而不应当去诬陷诋毁那有理的一方。

《人生论》202 页

对于主张公道的律师，法官应当表示赞许，而对于歪曲事实真相的律师，则应当给予批驳。

《随笔选》105 页

法官应当像上帝一样，抑强扶弱。

《随笔选》105 页

执法也不可过苛。不能把法律变成使人民动辄得咎的天罗地网。

《随笔选》104 页

司法的重大错误，有时是可以引起政治变乱甚至国家倾覆之危的。

《随笔选》106 页

为法官者应当记住，他们的职责是司法，而非立法；他们只能解释法律，而不能制定或修改法律。不然司法权就会变成罗马教会声称其拥有的那种权力，即以阐释《圣经》为名，不惜对其进行增添或改动，甚至宣布在《圣经》里找不到依据的法规，假借古典，暗行新法。

《培根散文》177 页

摩西律法说："挪移邻舍地界者必遭诅咒。"偷挪界石者当然该受惩罚，但法官若在地产归属诉讼中错判误决，那他就是偷挪界石的首犯。

《培根散文》177 页

须知偏私左袒会使审判变苦，而拖延耽搁则会使审判变酸。

《培根散文》178 页

法官的主要职责是惩治暴行和诈骗，因暴行张狂时可置人于死地，诈骗诡秘时亦可谋财害命。至于那些只为争长论短的鸡毛官司，法庭应视为公务之妨碍不予受理。

《培根散文》178 页

要作出公正的判决，法官首先应该替自己铺平道路，就像上帝削山填壑铺平大道那样。

《培根散文》178 页

所以对刑法中长期无人援引的条款，或对已不合当今之国情民情的条款，明智的法官应当限制其援用。"既问案情本身，又鞫其背景，此乃一名法官的责任"。

《培根散文》178 页

对法官而言，凡事先去探询本该到时候才能从律师口中听到的陈述，或过多地中止证人和律师的陈述以显其明察，或用提问（即使是与案情有关的提问）使控方律师不得不提前披露所掌握的情况，都是有失体面的行为。

《培根散文》179 页

法官开庭审案的职分有四：一是监督律师向证人取证，二是节制冗长、重复或与案情无关的陈述，三是概括、甄选并核实对定案有决定性影响的陈述要点，四是作出裁决或判决。凡超越以上职分的行为都属过度，而过度的原因通常是好夸多言，不耐听讼，或是缺乏与法官之职责相等的记忆力、注意力和沉着稳重。

《培根散文》179 页

律师不可在法庭上与法官争论，亦不可在法官宣布判决后通过不正当途径使案件重新审理。但另一方面，法官审案不可折中妥协，急于求成，不可让当事人有机会说法庭不听取他的律师和证人之陈述。

《培根散文》179 页

此外法官们不可对自己的授权缺乏了解，以至于不知要求他们担负的一项主要职责是精到而明智地运用和实施法律。他们恐怕应该记得，圣保罗在言及一部更伟大的法律时说："我们知道这律法天经地义，关键是司法者要依法用之。"

《培根散文》181 页

8　迷恋权势，失掉自由

身处高位者是三重意义上的臣仆——君主和国家的臣仆、荣誉的臣仆以及事业的臣仆。所以，他们没有自由——没有人身的自由，没有言行的自由，也没有支配时间的自由。

《随笔选》140 页

要寻求权力而失掉自由，或寻求凌驾他人的权力而失却统治自己的权力，这一种欲望是一种可异的欲望。要升到高位上，其经过是很难的，但是人们却要吃许多苦以取得更大的痛苦，要升到高位上，其经过有时是卑污的，然而人们却借着卑污的手段达到尊严的地位。

《培根论说文集》37 页

但是，人性仍然迷恋于权势。因为默默无闻的寂寞是难挨的。正如那些老人，尽管风烛残年，却仍然闲坐在热闹的街口，借此追忆往昔的繁华。

《随笔选》141 页

成功与美德是衡量人生事业的两种尺度。同时具备这两者的人，是幸福的。所以，一个人行事应当做到，即使面对上帝也不感到亏心。如此方能获得灵魂的"安宁"。

《随笔选》141 页

新贵之家所依靠的是权力，而宿贵之家所依靠的却是威望。第一代贵人在创业时固然有胆魄，但其双手不大可能干净。不过，在后代的记忆中保留下的将只有他们的光荣，却不会长久记忆他们的污点。

《人生论》75 页

世上人往往当其未得志的时候，尚能具有某些美德，而一旦有了权势，就丧失了这种美德。

《随笔选》144 页

对于前后左右的共事者，应当相互关照。宁可在他们不想会见时会见他们，也不要在他们想会见时拒绝他们。

《随笔选》144 页

要善于接受并且寻求对你有益的忠告。不要把那些"好管闲事"的热心人拒之门外。

《随笔选》142 页

至于蛮横，应当知道，严肃能产生敬畏，而蛮横却只能产生怨恨。

《随笔选》143 页

而一个掌权者如果易于受欺惑，那么他就永远只会不自觉地照别人的意志办事。

《随笔选》143 页

在高位上的表现将使人的品格暴露无遗。

《随笔选》143 页

有趣的是，身处权位的人只能通过别人的眼睛来确认自己的幸福。而如果根据自身的感觉来判断，就很难找到是否幸福的答案。他们引以自慰的，只是别人对自己的羡慕和模仿。这使他们得到骄傲和荣誉，尽管与此同时，他们的内心中也许恰相反。

《随笔选》141 页

9　党争是一种恶兆

马基雅维利的见解是对的。他说君主如果不被社会公认为各阶级的领袖，而只被看作某一特殊集团的代理人，那么这个国家就将像一条载重量不均衡的船一样，行将倾覆了。

《随笔选》149 页

历史经验表明，如果君主的权威变成了达到某一宗派集团特殊政治目的的手段，那么这个君主的处境就危险了。

《随笔选》150 页

许多人错误地认为，治国之道就在于平衡对立党派的利益。实际上正相反，政治的艺术是超越党派的私利，而促进大家的共同利益。

《人生论》207 页

地位低的人有必要结党，以便形成政治的力量。而地位高的人却最好超越党争，保持中立。

《人生论》207 页

往往力量小人数少的党派，内聚力更加坚强，因为不如此就会很容易地被打散。

《人生论》207 页

忠于党派的人是不会忠君的。

《人生论》208 页

君主不宜介入党争，而且党争必然不利于王权。

《人生论》208 页

在这种情况下，党中人会认为，"君主也只不过是我们中的一员而已"。所以历史上党争激烈之时，往往是王权衰落的象征。

《人生论》208 页

如果一个国家陷于无休止的冲突和党争之中，那么这也是一种恶兆。因为它表明人民对政府的普遍信任已经消失。

《随笔选》150 页

　　一个政府的各部门应当像天空中的诸行星那样，每个行星既有自转，但也服从统一的公转。但如果各部门人人各行其是，或像塔西陀所说"其自由的程度与作为臣民的原则不一致"，那就表明行星运行的秩序乱了套。

《随笔选》150 页

　　相争的两党中有一党被击败后，获胜的党又会自行分裂；如当年庞培和恺撒曾结党与包括卢库鲁斯在内的元老院抗衡，但当元老院势衰后，恺撒和庞培马上就兵戎相见。

《培根散文》165 页

　　非公开的党派斗争情况亦是如此；因此当获胜党再行分裂时，那些曾居次要地位的干将多有成为新党领袖者，但他们被人当作垃圾扔掉的情况也屡见不鲜，因为许多人的长处就在于与对手争斗，如果对手消失，他们也就不再有用。

《培根散文》165 页

　　世人常见，有些人一旦借助某党派而获得权位，马上就开始与该党派的对立派系接触；这些人的心思多半是：既然前一个党派已抓到手，现在就该准备抓点新的东西。

《培根散文》165－166 页

　　派系斗争的倒戈者往往能轻而易举地捞到好处，因为当两派的争斗久久相持不下时，争取到某人倒戈就会导致天平倾向一边，而这获胜的一边对倒戈者会感激不尽。

《培根散文》166 页

在两党间持中立态度者并非人人都主张中庸调和，实际上有人是出于替自己打算，一心只想坐收渔人之利。

《培根散文》166 页

再者，明目张胆的党同伐异和钩心斗角亦是政府失去威望的信号，因若用古典天文学理论来作比喻，政府要员的行为就该像第十重天下天体之运动，即每一天体受第一运动支配的公转应迅疾，而本身的自转则应和缓；故若是大臣要员们自行其是时行动迅疾，或像塔西佗所言"其行动之自由与尊君之道不符"，那就说明这些"天体"已偏离常轨。

《培根散文》43 页

10 饥饿——最大的叛乱煽动者

预防叛乱的最好办法（假如时代允许的话）就是消除导致叛乱的因素。只要有积薪，那就说不定什么时候，会由于某一火星的迸发而燃成燎原之势。

《随笔选》151 页

近代论权术者，所注意的重点，常常是放在如何处置危机，而不是如何防止危机上。这就未免有点舍本求末了。

《人生论》97 页

导致叛乱的主要因素有两个：一是贫困，二是民怨。

社会中存在多少破产者，就存在多少潜在的叛乱者，这是一个定律。

《随笔选》151 页

从来最大的叛乱煽动者就是饥饿。

《随笔选》151 页

至于民众的怨恨，它们在社会上的存在，如同体质中体液的不平衡一样，也足以酿成疾病。作为统治者，千万不要轻率地认为民众的某种要求是不正当的，因而无视在民众不满中所潜伏的危险性。

《随笔选》151 页

人民一旦对他们的执政者产生了这种公愤，那么就连最好的政策也将被视为恶臭，受到唾弃。所以丧失了民心的统治者即使在办好事，也不会得到群众的拥护。

《随笔选》135 页

政治家应当善于发现政治风险的预兆。大自然中的风景必有先兆，当政治动乱到来之前，也必定会有种种征兆。正如俗话所说："月晕而风，础润则雨。"

《随笔选》148 页

从历史看，谣言确实常常是政治动乱的前奏曲。维吉尔的见解是对的。从叛乱的煽动到叛乱的举动之间距离甚小，正如兄弟之于姊妹，阳电之于阴电一样。

《随笔选》149 页

（消灭叛乱的——编者）第一种方法，就是应当尽可能消除以上所讨论的致乱因素。而在这类因素中，最有威胁性的是国家的贫穷。因此，一个政府必须发展商业，扶植工业，减少失业和无业游民，振兴农业，抑制物价，减轻税收，等等。

《随笔选》152 页

就一般而论，应当预先注意使国内人口（尤其是在和平时期）不要超过国内的资源。同时还应看到，人口不应当单纯从绝对数量来估算，因为一个绝对数量虽小，而国民消费大于财富生产的人口，比一个数量虽大，但国民消费小于财富生产的人口，要贫困得多。因此，如果贵族以及官僚阶层人数的增殖，超过了财富的增长，那么这个国家就可能濒于贫困的境地。僧侣阶级的数量过大也会如此。因为这几个阶级都是非生产性的阶级。

《随笔选》153 页

作为统治者，应当防止国内财富被垄断于少数人之手。否则，一个国家即使拥有很多财富，大部分人民仍将不免沦于饥寒之境。

《随笔选》153 页

对政府的恶意中伤、对内阁的肆意诽谤以及与之类似的不利于国家的谣言传闻，全都属于动乱的前兆，尤其在诽谤中伤频繁并公开之际，当谣言传闻不胫而走并被广为相信之时。维吉尔在叙述"谣言女神"的家世时说她是提坦众巨神的妹妹：大地之母在对诸神的愤怒中将她生下，她是科俄斯和恩克拉多斯最小的妹妹。

《培根散文》42 页

但别以为既然谣言是动乱的征兆，那对其严加查禁便可防止动乱；其实到处去辟谣只会引起公众久久不消的疑惑，面对其置之不理往往是制止谣言的最佳手段。

《培根散文》43 页

至于不满，政府内部的不满情绪和人心中的抑郁不平一样，都容易积成一种异常的愤怒喷发而出。

《培根散文》44 页

为人君者不可凭民怨是否合理来衡量其危险，因那样就把民众想得太理智了，其实他们连自己的好东西也经常摒弃。

《培根散文》44 页

叛乱的原因和动机通常有：宗教之改革、赋税之增减、法律之更新、惯例之变易、特权之废除、压迫之普遍、小人之重用、异族之入侵、供应之不足、兵士之遣散、内讧之激化，以及任何会激怒国民并使其为一共同目标而抱成团的事件。

《培根散文》45 页

至于如何消除不满情绪，或至少消除不满情绪中之危险成分，我们知道，各国都有两类臣民，即贵族和平民；当这二者之一心怀不满时其危险并不可怕，因为平民若无贵族煽动往往不会轻易作乱，而贵族若得不到平民的支持则力量不足。真正的危险在于贵族们恰好等到平民的不满情绪爆发时才表明他们自己的不满。

《培根散文》46 页

　　此外还有一种虽众所周知但仍不失为上策的预防措施，即预见并提防某些适合心怀不满者向其求助并在其麾下麇聚的领头人物。余以为能充当这种为首者的人大凡都拥有伟绩和声望，深受不满现政的党派之信任和尊崇，同时他们自己也被认为对现政心怀不满。对这种领头人物，政府要么用切实可行的方法对其加以争取并使之归顺，要么就使其同党中有另一领头人物与之对立以分割其声望。

《培根散文》47 页

　　概而言之，对各类反政府的党派集团实行分化瓦解，调弄离间，或至少使其内部互相猜疑，这并非一种最糟的手段，因若是拥护政府者内部四分五裂，而反对政府者内部却万众一心，那将是极危险的情况。

《培根散文》47 页

　　为了防止不测，君王身边应有一名或若干名骁勇大将，以备把叛乱镇压于起事之初；否则骚乱一起朝中便更会惊慌失措，政府便会面临塔西佗曾说过的那种危险，即叛乱之初人们的心态是："真敢为祸首者寡，但乐意参加者众，而所有人对叛乱都会默认。"但这种猛将须是忠实可靠且名声良好之辈，而非好拉帮结派并哗众取宠之流；他们还须和政府中其他要员保持一致，不然这种治病良药将会比疾病本身更要命。

《培根散文》48 页

11 保留希望

古代诗人的神话中曾说，有一次诸神想把众神之王丘辟特捆起来，而这一阴谋被丘辟特发现了。于是他采用了智慧女神密涅瓦出的计谋，召来百臂之神布瑞欧斯，结果战胜了众神。这个寓言的政治含意是：如果君主能谋得民众的支持，那么他的地位就将得到巩固。

《随笔选》154 页

明智的统治者懂得，给予人民以某种程度的言论自由，以使他们的痛苦与怨恨有发泄的途径，也是保证国家安全的一种重要方法。这道理可以用医学上的例子来说明：如果有脓存在，却采用阻遏脓血外流的方法，把脓血压抑在体内，那对人体就将有致命的危险。

《随笔选》154 页

像丘皮特与朱诺结婚一样，君王被恰当地认为是与国家结为一体。但由于长期执掌大权，他们堕落了。其统治愈来愈残暴，他们自己也愈来愈独断专行，刚愎自用，听不进参院和贵族的谏言。他们的胡作非为和肆无忌惮激怒了人民，使人民企图创造和树立自己的首领。而王公贵族则暗中兴风作浪，支持人民的图谋。由于贵族的煽动，于是人民则揭竿而起。

Wisdom of the Ancients，Essays，P280.

在政治上，设法为人民保留"希望"，并且善于引导人们从一个希望过渡到另一个希望，这是平息民怨的一种有效办法。

在政治上的一个主要手腕，就是对于无论任何困难的局面，都要使人民相信并非完全没有希望。

《随笔选》155 页

　　君主讲话应当慎重，不要讲那种自以为机智，实际上却十分轻率的话。恺撒曾说："苏拉过于文明，所以不适于搞独裁。"结果他为这句话付出了生命的代价。因为这句话使那些希望他不走独裁的人绝望了。

　　因此，作为君主，在重大的问题上和动荡的形势下，必须慎其所言。尤其是此类锋利的警句，它们传播之速有如飞箭，并且将被人们看作君王所吐露的肺腑之言，其作用甚至超过一部长篇大论。

《随笔选》155 页

　　法官与君主和执法者负有共同的使命，他们应当携起手来，以避免司法与政治发生矛盾。司法的重大错误，有时是可以引起政治变乱甚至国家倾覆之危的。

《随笔选》105 页

　　当某种天灾人祸出现时，仍能泰然处之，仿佛灾祸并非不可避免，而是还有某种避免的希望。

《培根散文》47 页

12　建殖民地乃古代先民的英雄业绩之一

　　建殖民地乃古代先民的英雄业绩之一。当世界年轻的时候，它生育过众多儿女，但如今世界已年迈，所生子女也稀少，故笔者不妨将新建的殖民地视为旧有的国家所生育的儿女。

《培根散文》108 页

余以为殖民地最好是建在处女地上，如此便不会为了殖民而将原有居民根除，因为那样做与其说是殖民，不如说是屠民。

《培根散文》108 页

建立殖民地犹如人工造林，必须估计到投资二十年后方会有利可图。许多殖民地毁灭的原因主要就在于殖民初期的急功近利。当然对早期获利也不应一概弃之，但限度是符合殖民地的良性发展，决不可超越这一限度。

《培根散文》108 页

把流氓恶棍囚犯送去殖民地充居民，这种做法不仅可耻可恶，而且将对殖民地造成损害。因为那种人将继续过其败类的生活，终日游手好闲，不务正业，滋事启衅，白耗粮食，并很快又玩得不耐烦，于是便写信回母国败坏殖民地的声誉。殖民地的首批居民应该是一些园丁、农民、小工、铁匠、木匠、渔夫、猎手，以及少量的厨师、医生、药剂师和面包师。

《培根散文》108 页

初到一殖民地区，首先应考察当地出产什么可食之物，如栗子、胡桃、菠萝、橄榄、枣椰、梅子、樱桃和野蜂蜜等等，并对这些现成食物加以利用；其次应考虑在当地种植生长周期较短的一年生作物或蔬菜，如欧洲萝卜、胡萝卜、芜菁、洋葱、四季萝卜、洋蓟和玉米等等。至于小麦、大麦和燕麦，它们费工太多，但不妨先种些豌豆和蚕豆，一则它们费工少，二则它们既可鲜食又可做面包；稻谷也生长极快，而且也是一种主食。不过最要紧的是运去足够的饼干、燕麦片、面粉和玉米粉等食物，直到能在当地生产出面包为止。至于家畜家禽，主要应选带那些既不易生病又繁殖迅速的品种，如猪、羊、鸡、鹅、火鸡和家鸽等等。

《培根散文》108—109 页

殖民地初期的食品消耗应和围城中的情形一样，即按一定标准定量分配；应把菜园和玉米地出产之大部作为公共储备并善加储存，然后按计划比例进行分发，上述园地不包括个人为自家用度而不得不开垦耕种的零星土地。同时应考虑开发适于殖民地土壤生长的经济作物，以期在某种程度上减轻殖民地的负担，但不可像前文所说的那样急功近利，从而不合时宜地损害主业，就像在弗吉尼亚种植烟草的结果那样。

《培根散文》109 页

殖民地通常都有丰富的森林资源，故木材可作为一种经济产品；若森林茂密处有铁矿和适宜建厂的河流，炼铁也不失为一种经济产业；在气候允许的地方可尝试生产海盐；任何纤维作物都有潜在的开发价值；松杉茂密的地方不会缺乏树脂和焦油；药材和月桂亦不会不产生极大利润；另外白蜡树和其他物产也可以考虑开发；但勿花太多精力在地下折腾，因为发现矿藏的希望极其渺茫，而且探矿往往使移民懒于其他劳作。

《培根散文》109 页

说到殖民地的管理，应由一人总督，若干顾问辅之，而且应授权殖民地政府在必要时实行有限的军事管制。尤其重要的是，要让移民们获得身居旷野的那种益处，让他们觉得上帝及其佑助时时刻刻都近在眼前。

《培根散文》109—110 页

殖民地的管理不可过多地依赖母国的受托管理人和特许承包人，这种人的数量应有限制，而且最好是贵族缙绅而非商人，因为商人总是只顾眼前利益。在殖民地巩固之前，不应对其征收关税，而且除因特殊的安全原因外，应允许殖民地将产品出口到任何最能使其获利的地方。为避免殖民地人满为患，勿急着一批接一批地送去移民，而应根据其人员消耗按比例进行补充；总之殖民地人口数量应以人人都能安居为度，不可让他们因人口过多而陷入贫困。

《培根散文》110 页

有些移民区建在海岸河滨的沼泽地带，其恶劣的环境一直危害着移民的健康；所以初时择低地而居虽可避免运输和其他方面的不便，但从长远看仍然应把居所建在高处。储备足够的食盐同样关系到移民的健康，因为必要时他们可用其腌制食品。

《培根散文》110 页

若在有土著的地区殖民，不可只用华而不实的小玩意儿讨他们的欢心，而应在有充分防范的前提下待之以公平与友好。不可为取悦他们而助其侵犯他们的敌人，但帮助他们抵御入侵则不为过。应经常选送一些土著到殖民地之母国，让他们亲眼目睹一种优于他们的生活环境，以便他们回去后现身说法。待殖民地巩固之后，就可不仅接纳男丁，亦接纳妇女，让移民一代代繁衍生息，而非永远从母国补充。抛弃正在发展的殖民地是世间最大的罪恶，因为那不仅是母国的耻辱，亦是葬送掉许多可怜的移民。

《培根散文》110 页

13　国家之真正强盛

一国之疆土大小可由测量而知，岁收多少可经计算而晓，人口众寡可见于户籍名册，城镇数量可见于舆地图表；然而在国政事务中，对国力强弱之判断依然是最难做到正确无误并最容易出错的一个难点。

《培根散文》93 页

天国没有被比喻成任何硕大的果核，而是被比作一粒芥子，芥芋比其他种子都小，但却具有生长快蔓延广的特性和活力。所以有些国家虽幅员辽阔，但却不易扩张领土或控制他国；而有些国家虽只有弹丸之地，可那弹丸之地却易于成为庞大帝国之基础。

《培根散文》93 页

若一国之民缺乏英武骁勇的气概，那坚城、武库、骏马、战车、巨象和大炮之类都不过是披着狮皮的绵羊。而若一国之兵士气低落，那军队数量再多也无济于事，因为正如维吉尔所说："狼从不在乎面对的羊是多是少。"

《培根散文》93 页

有人浅薄地认为战争的力量是金钱，殊不知士兵双臂的力量若因民族的卑微柔弱而衰退，金钱也没法为战争注入力量。当克罗伊斯得意扬扬地向梭伦炫耀其黄金时，梭伦曾善意地对他说："陛下，若有他人前来，且来者的钢铁比你的更硬，那他就将成为这些黄金的主人。"由此可见，若非本国军队皆由品格优良且英勇善战的国民组成，任何君王或政府都不可过高地估计其国力；但另一方面，若一国之臣民具有尚武的性格，其君王则须确信自己的力量，除非他的臣民在其他方面有缺陷。至于用钱从国外招募军队，虽说这也不失为一种补救措施，但所有的先例都证明，依靠雇佣军的国家或君王都只能得意一时，不久就会威风扫地。

《培根散文》94 页

凡旨在图强的国家均须注意，勿让本国的贵族和缙绅增长过速；因为那样会使平民阶级渐渐沦为萎靡不振的雇农和贱民，实际上成为上流阶级的奴仆。这种情形可见于萌芽林之培养，如果你把优势木树苗留得太密，那你永远也别想见到中间木或被压木，因为优势木下将只有灌丛荆棘。

《培根散文》95 页

无论如何也得让尼布甲尼撒梦中那棵王国之树的树干健壮得足以承受其枝叶；此喻是说一国之本土臣民与该国统治的异族臣民须形成合理的比例。所以那些对异族臣民之归化持开明态度的国家都易于成为帝国。因不难想象，一个小民族即便因其智勇绝伦而获得广阔的疆土，它也只能维持一时，不久就会骤然崩溃。

《培根散文》96 页

毋庸置疑，凡需在室内久坐不动的技术性行当和（只需动指头而无需用臂力的）精巧细工都在本质上与军人的禀性格格不入。一般而论，尚武的民族都有几分懒散，都乐于冒险而不思劳作；而若要保持他们的尚武精神，就不可过分改变其懒散习性。

《培根散文》97 页

但若要真正成为强大的帝国，至关重要的一点就是国家须公开承认尚武从军乃最大荣耀、最高目标和最佳职业；因为上文所论都不过是进行战争的能力，但若无目标和行动，能力又有何用呢？

《培根散文》97 页

伴随上述要点而来的是一种需要，即国家需要有可提供（说得出口的）战争理由的法律或惯例，因为人的正义感与生俱有，所以若无某些至少是显得公正的理由，人们一般不会投入（将导致无穷灾难的）战争。

《培根散文》98 页

人体不运动不健壮，政体不运动不强盛；而对国家来说，师出有名的体面战争无疑就是最好的运动。国内战争固然如同感冒发烧，可对外战争的确就像运动发热，有益于保持身体健康；因为在歌舞升平中，民气易变阴柔，民风易趋堕落。

《培根散文》99 页

但不管尚武对升平康乐有何影响，它对国家之强盛都有利无弊；它可使国家保持一支常备军，虽说维持一支劲旅耗资不菲，但它通常能使一国对邻国发号施令，或至少在邻国中保持强国的名声。

《培根散文》99 页

拥有海上霸权是一个强国的象征。海战之重大影响世人皆知。

《培根散文》99 页

以海战决战争胜负的例子不可胜数，这固然是因为各国君王我政府历来就推崇并依赖海战。但至此可以肯定的是，拥有海上霸权者也拥有了战争的主动权，战与不战或战多战少均可随心所欲；而那些只拥有强大陆军的国家仍常常陷入进退维谷的境地。

《培根散文》100 页

虽说（如《圣经》所言）人不可能凭操操心就使自己的身体长高寸，但对国家政体而言，使国土更广国势更盛则在于君王或政府的能力；因为只要让上文谈及的那些策略、规则和惯例得以实施，他们便可为子孙后代播下强盛的种子。

《培根散文》101 页

14　高位使有些人显得更好，有些人显得更糟

居高位如履薄冰，而退路若非垮台，至少也是隐退，其结果都可叹可悲。有古人曾言：既已非当年盛时，还有何理由贪生。

《培根散文》31 页

居高位者有权行善，亦有权作恶，然作恶总会留下祸根；故消灾弭祸之前提一是无作恶之念，二是无作恶之力。但行善之权则是谋权位者天经地义的目标，因善心虽蒙上帝嘉许，但若不付之于行，于人也无非只是场好梦，而要让善心变善举，就非要有权位作为有利依托。

《培根散文》32 页

当权者有四种主要的恶习，即拖沓、受贿、粗暴和抹不开情面。

《培根散文》32 页

有句古话所言极是：当官便露真相。高位使有些人显得更好，有些人显得更糟。塔西佗谈及伽尔巴时说："倘若他从不曾统治帝国，也许人人都会认为他适于统治。"但他谈及韦斯帕芗时却说："当皇帝后而变得更好，韦斯帕芗乃唯一之人。"不过塔西佗前句话是就治国之才而言，后句话则是就道德情操而论。

《培根散文》33 页

登高位而德行愈增，此乃高洁之士的明显标志，因高位显职实则（或曰应该是）德行之所在。

《培根散文》33 页

万物疾动而奔其所，一旦各就各位则静然处之。

《培根散文》33 页

一切升迁腾达均须循小梯迂回而上，上升时若遇派系纷攘则不妨加入一派，然登顶后必须保持中立，无朋无党。

《培根散文》33—34 页

追忆前任时应持论公允，言辞审慎，如若反其道而行之，那就将欠下一笔自己卸任后非还不可的旧账。

《培根散文》34 页

在与人私下会谈和答复私人请求的时候，切莫时时想到或念念不忘自己的地位，最好让别人去说：此公为官和居家真是判若两人。

《培根散文》34 页

15　贵族可增加君主威严，亦可削弱其权力

就君主国家而言，若国内完全没有贵族，那它就会像土耳其一样始终是个专制国家；因为贵族可削弱君权，可在一定程度上把公众的注意力从王室引开。

《培根散文》40 页

但以民主国家而论，它们则不需要贵族，与有贵族豪门的君主国家相比，民主国家通常更为安宁而少有叛乱；因为民主国家的人注重职责而不注重个人，或即便说他们注重个人，那也是为了职责的缘故，是要看个人是否堪当其职，而不是要看他的门第血统。我们可见瑞士国运昌盛，尽管那里有宗教歧异和州邦差别，但维系联邦的纽带是共同利益而非豪门望族。尼德兰联省共和国政府治国有方，因为那里有一种平等制度。以他们的磋商会议较不偏不倚，各省纳税付捐也较欣然。

《培根散文》40 页

一个强有力的贵族阶层可增加君主的威严，但同时亦会削弱君主的权力；贵族可为国民注入活力与生机，但同时亦会降低国民的身份。较为理想的情况是，贵族阶层不致强大到凌驾于君权和国法之上，但又保持一定的高位，这样下民的犯上作乱就得先与贵族碰撞，而不会过早地触及君主的权威。

《培根散文》40—41 页

贵族人众会导致一国之贫困，因为贵族的花销是一笔额外的负担；此外随着时间的推移，许多贵族豪门必然家道中落，这便会造成一种尊号与财富不相称的情况。

《培根散文》41 页

当看见一座尚未破败的古堡或古宅，或是看见一棵依然枝繁叶茂的参天古树，谁都免不了会肃然起敬；而当目睹一个曾历经岁月沧桑的贵族世家，这种恭敬之情当然会更深更甚！

《培根散文》41 页

生为贵族者大凡都不勤勉，而自身不勤勉者往往会嫉妒勤勉之人；并且既生为贵族就不大可能再高升，而固守旧位者见别人腾达难免不生妒忌之情。但另一方面，世袭贵族可消除他人对其潜在的嫉妒，因为他们天生就拥有那份尊荣。

《培根散文》41 页

毋庸置疑，拥有贵族中之能人的君王应该发现，他可以得心应手地利用这些贵族精英，而且他们也能轻松自如地各司其职，因为国民会认为这些人天生就有权发号施令。从而会自然而然地服从他们。

《培根散文》41 页

四、性情·修养篇

1 天性既能长成香花，也能长成毒草

人的天性虽然是隐而不露的，但却很难被压抑，更很少能完全根绝。即使勉强施以压抑，只会使它在压力消除后更加猛烈。

《随笔选》66 页

认识天性的第一步就是精确地和真实地发现和区分人类天性和气质中的各种特点和脾性。尤其是发现和区分什么是能够引发和影响其他性质的最大异点，和什么是与其他性质一致或融为一体的相同点。为了达到这个目的，仅发现和区分几种特性还不够，最好是发现诸多平凡的长处和优点。因为有些人天生适于做大事情，而其他人天生适于做小事情；而有些人适于干许多事情，而其他人只适于干很少事情，有些人有多种才能，而有些人才能非常有限，所以除了卑怯畏缩之人外，也有思想狭窄之人。那么同样，有些人适于做那些立即或在短时间内能做完的事情，有些人则适于做开始早但结束晚的事情。

The Advancement of Learning，P168.

在私生活中，人的天性最容易显露。因为那时人最不必掩饰。在

一时激动的情况下，也易于显露天性，因为激动使人忘记了自制。

《随笔选》68 页

人可以根据占星术中行星的位置的分类的方法给天性以恰当而精明的分类：爱静，爱动，爱胜利，爱荣誉，爱快乐，爱艺术，爱变化，等等。

The Advancement of Learning，P169.

天性好比种子，它既能长成香花，也可能长成毒草，所以人应当时时检查，以培养前者而拔除后者。

《随笔选》68 页

在治疗身体的疾病时，应按这样的程序：首先，了解它的若干气质和脾性；其次，了解疾病；最后，治愈。所以在治疗思想时，在了解了人的天性中若干特征后，下一步就是了解思想的疾病和缺陷——只是性情失调和紊乱而已。于是古代平民国家的政治家们常常把人民比作大海，把演说家比作风，因为如果风不煽动和搅扰大海的话，大海天性是趋于平静的，所以如果叛乱的演说家不煽动和激怒人民，人民还是和平和温驯的。由此我们可以恰如其分地说，如果像风一样的性情不引起思想的骚动和紊乱的话，思想的天性还是温和而稳定的。

The Advancement of Learning，P171.

当然，如果一个人有毅力和决心，能断然强制自己彻底根除不良习性，那是最令人钦佩的——"灵魂最自由的人，就是那种一举挣断锁链的人。"

《随笔选》67 页

人不能太相信一种天性的克服。因为天性是狡猾的，它可以在你警惕时潜伏下来，当你放松时又溜回来。就像伊索寓言中那个猫一样，虽然变成一个女人，安安静静地坐在餐桌前，但当一只老鼠出现的时候，她就情不自禁地扑上去了。

《随笔选》68 页

有的人天性与他的职业要求相适合，这是很幸福的事。但是，那些能强使自己做与其天性不合的事业的人，则是有毅力的。

《随笔选》68 页

因此在治学方面，对于最不喜欢的学科，就要强迫自己遵守固定的时间。但是你所爱好的学科，就不必如此，因为思想会自然带着你向前跑去的。

《随笔选》68 页

欲彻底改变本性者为自己规定的改变举措不可太多或太少，举措太多往往顾此失彼，从而使人灰心丧气；举措太少虽说易于实施，但却难以达到习与性成。

《培根散文》126 页

若本性根深蒂固，难以根除，改变之举措就须循序渐进：起初可练习及时克制自己的感情，就像易怒者每每默念二十四个字母那样；然后开始减少对痼习之纵容，如欲戒酒者把一杯之量减少到一口之量，到最后再一举革除旧习。

《培根散文》126 页

不可强迫自己一鼓作气地养成一种新的习性，这过程中需要有所间歇，其原因有二，一是停下来反省可巩固这新的开端，二是这样做可避免新养成的习性良恶兼备，因若是一个人的本性并不完美，那他一鼓作气养成的新习性也可能良恶兼而有之。

《培根散文》126－127 页

因此欲除旧习者要么完全避开可诱发其本性的机会，要么就天天与之打交道，这样他也许会因见惯不惊而不再受其诱惑。

《培根散文》127 页

2 顽强的习惯

人的思考取决于动机，语言取决于学问和知识，而他们的行动，则多半取决于习惯。所以马基雅维里说：习惯能加强诺言和天性的力量。

《随笔选》63 页

如果说个人的习惯只是把一个人变成了机械，使他的生活仿佛由习惯所驱动。那么社会的习惯势力，却具有一种无比可怕的专制力量。

《随笔选》64 页

由此可见，习惯真是一种顽强而巨大的力量。它可以主宰人生。因此，人自幼就应该通过完美的教育，去建立一种好的习惯。

《随笔选》64 页

此外还必须考虑到，一种集体的习惯，其力量更大于个人的习惯。因此如果有一个有良好道德风气的社会环境，最有利于培养好的社会公民。

《随笔选》65 页

伊丽莎白女王经常说，她对高级军官的指示就像衣服，刚穿上时又窄又紧，但会越穿越合身。

Apophthegms，Essays，P375.

谈经论道仅可使本性稍有收敛，唯有长期养成的习惯才能改变和制服人之本性。

《培根散文》126 页

培养新习惯之初可寻求一些帮助，就像初学游泳者借助漂浮物一样；但过些时候就应该在不利条件下培养，就像舞蹈家故意穿厚底鞋练舞一般，因所练所习难于日常所用，用时便会更显熟能生巧、习以为常。

《培根散文》126 页

有古训认为矫枉不妨过正，可用完全相反的习惯来匡正痼习，此训亦不失为一种良策，只要那相反的习惯不是恶习。

《培根散文》126 页

性格的力量不如习惯的力量强大。

《培根散文》128 页

毋庸置疑，形成于青少年时期的习惯最为良好。我们把这种习惯之形成称为教育，其实那不过是一种早期习惯。如我们所知，青少年舌头更灵活，四肢更柔软，他们更易模仿各种声音腔调，更易学会各种运动技艺，而成年人在这方面比青少年逊色乃不争之事实；虽说有些才智出众者从来不僵化，他们终生都能保持灵活柔软，随时都能接受可使之更完美的东西，但这种人毕竟太少。

《培根散文》129 页

不可否认，要让人类习性中的优点得以增加，关键在于各社会团体之规章严明和风纪纯正，因为国家和政府只鼓励已经形成的美德，而不改良美德的种子；但如今育种的最有效手段正被用来达到各种最不应该向往的目标，这种现状实乃可叹可悲。

《培根散文》129—130 页

3　不能把自己定为轴心

人应当把利己之心与利人之心理智地分清，在为自己谋利益时，不要损害他人，更不能损害君王与国家。

《随笔选》120 页

人不能像地球一样，把自己的利益定作绕以旋转的轴心。对于一个君王，他或许可以这样做，因为他代表的不仅是个人，还有国家的利益。而对于一个公民，自私自利却永远是一种坏的品质。这种人总是把一切事物都按照一己私利需要加以扭曲，其结果没有不危害社会的。

《随笔选》120 页

　　蚂蚁这种小动物替自己打算是很精明的，但对于一座果园，它却是一种很有害的生物。自私的人也如同蚂蚁，不过他们危害的则是社会。

《随笔选》120 页

　　因此，君主在选择官员时决不能挑这种人。一旦任用这种自私的家伙，他们就将为一己私利而牺牲与公益有关的一切，成为最无耻的贪官污吏。他们所谋及的不过是一身一家的幸福，所损害的却是整个国家和社会。

《随笔选》121 页

　　俗话有云："点着别人的房子煮自己的一个鸡蛋。"这正是极端自私者的本性。

《随笔选》121 页

　　自私者的那种小聪明，应该说是一种卑劣的聪明。这是那种打洞钻空了房屋，而在房屋将倒塌前及时迁居的老鼠式的聪明；这是那种欺骗熊来为它挖洞，洞一挖成就把熊赶走的狐狸式的聪明；这是那种在即将吞噬落入口中的猎物时，却假装悲哀流泪的鳄鱼式的聪明。

《随笔选》121 页

　　但是，那种"只知自爱却不知爱人的人"（西塞罗论庞培的话），最终总是没有好结局的。虽然他们时时在谋算怎样为了自己而牺牲别人，而命运之神却常常使他们自己最终也成为自己的牺牲品。

《随笔选》122 页

有些人拥有大自然所惠赐和点缀的美貌和其他天赋，他们因而极度自尊自好。这类人通常喜爱隐退，而不爱公共事务。因为它很可能会使他们遭到轻视和羞辱，从而伤害和刺激他们的心。所以这种人一般离群索居，很少朋友。只有那些高度崇拜和称颂他们的人，才像他们的回声一样，与他们相依为命。

由于这种习惯使他们堕落，更加洁身自好，从而使他们变得出奇的懒惰。他们消极，是十足的傻瓜。纳克索斯（Narcissus）这种春天之花就代表这种典型性格。它开始绽苞吐蕊之时，受到人们的赞赏，但它成熟之际，则又辜负人们的期望。

这种花受了地狱般力量的诱惑，更加不可救药。因为这种人在各方面都是白痴。他们从不结果，像海上行驶的船一样，匆匆而过。正如古人所说，他们是在地狱的暗影和国度中生活。

Wisdom of the Ancients, Essays, P278.

谋私利的更大危害是使纲常失调。

《培根散文》75 页

而总的说来，这些人所获之利通常只与他们的财富相称，可他们为获私利而牺牲的公利则往往与其君王的财富成正比。

《培根散文》75—76 页

然而这类利己者却往往得到主人的信任，因为他们的心思全在于如何讨好主人，如何替自己捞好处；他们可以为任何一点好处而抛弃主人的利益。

《培根散文》76 页

4　猜疑是迷惑人的

猜疑之心犹如蝙蝠，它总是在黄昏中起飞。这种心情是迷陷人的，又是乱人心智的。它能使你陷入迷惘，混淆敌友，从而破坏人的事业。

《随笔选》123 页

猜疑的根源产生于对事物的缺乏认识，所以多了解情况是解除疑心的有效办法。

《随笔选》124 页

猜疑易使君王变得暴戾，使做丈夫的产生嫉妒之心，使智者陷入重重困惑。

《随笔选》123 页

猜疑不是一种心病，而是一种脑疾，因为即使天性极为勇健的人也会产生猜疑的思想的，例如英王亨利第七是也。世间从没有比他再多疑的人，也没有比他更勇健的人。在像他这样的气质中猜疑是不能十分有害的，因为有这种气质的人对于种种的猜疑多半不会贸然接受，而一定要先考察其是否可能的。

《培根论说文集》119 页

对于胆怯的庸人，这种猜疑则可能立刻阻滞他的行动。

《随笔选》124 页

当你产生了猜疑时，你最好还是有所警惕，但又不要表露于外。

《随笔选》124 页

这样，当这种猜疑有道理时，你已经预先做了准备而不受其害。当这种猜疑无道理时，你又可以避免因此而误会了好人。

《随笔选》124 页

如果可能的话，最好能对你所怀疑的对象开诚布公地谈一谈，以便由此解除或者证实你的猜疑。但是对于那种卑劣的小人，这种方法是不行的。因为他们一旦发现自己正在被怀疑，就可能制造出更多的骗局来。

《随笔选》124 页

人尤其要警惕由别人流传来的猜疑，因为这很可能是一根有毒的挑拨之刺。

《随笔选》124 页

那些不是君王亲信的人，假如违背君王的意愿掌握了他的秘密，会不可避免地招来大祸。于是由于意识到自己受到疏远和不停地监视，他们过着像牡鹿一样的生活，一天到晚疑神疑鬼，心惊肉跳。而他们的仆人和家奴则趁机落井下石，时不时地告发他们，算计推翻他们，以邀宠于君王。所以，不管什么时候只要君王一发怒，那个倒霉的人都会怀疑他的仆人背叛了他，想推翻他，就像埃克吞（Acteon）的狗要推翻埃克吞一样。

Wisdom of the Ancients，Essays，P304.

意大利人爱说"疑心是忠诚的护照"，仿佛猜疑真是忠诚离去的通行证似的；其实猜疑更应该激发忠诚证明自身之无可置疑。

《培根散文》105 页

5 嫉妒是毒眼

在人类的各种情欲中，有两种是特别具有迷人之魔力的，这就是爱情与嫉妒。这两种感情都能激发出强烈的欲望，创造出虚幻的意象和观念，并且足以蛊惑人的心灵——如果真有蛊惑这种事的话。

《随笔选》130 页

在人性中既有天然向善的倾向，也有天然向恶的倾向。那种虚荣、急躁、固执的性格还不是最坏的，最恶的乃是嫉妒以致祸害他人。

《随笔选》6 页

嫉妒能把凶险和灾难投射到它的眼光所注目的地方。

《随笔选》130 页

嫉妒之毒眼伤人最狠之时，正是那被嫉妒之人最为春风得意之时。这一方面是由于这种情况促使嫉妒之心更加锐利；另一方面是由于在这种情况下，那被嫉妒者的精神已完全浮现于外部，因此是最容易受到打击的。

《随笔选》131 页

德行不好的人必要嫉妒有道德的人。因为人的心灵如若不能从自身的优点中取得养料，就必定要找别人的缺点来作为养料。

《随笔选》131 页

而嫉妒者往往是自己既没有优点，又找不到别人的缺点的，因此他只能用败坏别人幸福的办法来安慰自己。

《随笔选》131 页

当一个人自身缺乏美德的时候，他就一定要贬低别人的这种美德，以求实现两者的平衡。

《随笔选》131 页

有某种难以克服的缺陷的人——如残疾人、宦官、老年人或私生子，是容易嫉妒别人的。由于自己的缺陷无法补偿，因此需要损伤别人来求得补偿。

《随笔选》132 页

身体有缺陷者往往有一种怕遭人轻卑的自卑——但这种自卑也可以是一种奋勇向上的激励。所以某些有残疾的人往往比一般人更勇敢，这种勇敢起初只是一种自卫，日久天长也就成了一种习惯。他们常常是乐于勤奋自强的，但同时他们也乐于发现别人的缺点，以便从中找到心理上的慰藉和平衡。

《人生论》188 页

虚荣心甚强的人，假如他看到别人在一件事业上总是胜过他，他也会为此产生嫉妒的。

《随笔选》132 页

在同事之间当有人被提升的时候，也容易引起嫉妒。因为如果别人由于某种优越表现而得到提升，就等于对比出了其他人在这些方面的无能，从而刺伤了他们。

《随笔选》132 页

嫉妒总是来自于我与别人的比较，如果没有比较就没有嫉妒。

《随笔选》133 页

因为他们之间的距离改变了。别人的上升足以造成一种错觉，使人觉得自己仿佛被贬低了。

《随笔选》132 页

同时，彼此越了解，这种嫉妒心将越强。人可以允许一个陌生人的发迹，却绝不能原谅一个身边人的上升。所以该隐只是由于嫉妒就杀死了他的亲兄弟亚伯。

《随笔选》133 页

嫉妒者必定是好打听闲事的。他们之所以特别关心别人，并非因为事情与他们的切身利益有关；而是通过发现别人的不愉快，来使自己得到一种赏心悦目的愉快。

《随笔选》131 页

其实每一个埋头沉入自己事业的人，是没有工夫去嫉妒别人的。

因为嫉妒是一种四处游荡的情欲，能享有它的只有闲人。所以古话说："多管闲事必定没安好心。"

《随笔选》131 页

在大苦大难后升迁的人也好嫉妒，因为他们就像时代的落伍者似的，以为别人受到伤害就可补偿自己曾经历的苦难。

《培根散文》24 页

嫉妒犹如日光，它射在陡坡峭壁上比射在平地上更使人感觉其热。

《培根散文》25 页

嫉妒行为有几分巫术的性质，因此治嫉妒的最好方法就是治巫术的方法，也就是移开世人所谓的"符咒"，使之镇在别人头上。为达到这一目的，有些聪明的大人物总是让别人替自己抛头露面，从而使本会降到自己身上的嫉妒降到他人身上，这种他人有时候是侍从仆役，有时候是同僚伙伴或诸如此类的角色；而要找这种替身，世间还真不乏一些雄心勃勃的冒昧之徒，只要能获得权位，这种人不惜付出任何代价。

《培根散文》26 页

现在且来谈谈公众的嫉妒。虽说私人间的嫉妒有百害而无一利，但公众的嫉妒却还有一点好处，因为它就像陶片放逐法，可除去那些位高专权者，所以它对其他大人物亦是一种制约，可使他们循规蹈矩。

《培根散文》26 页

公众的嫉妒对国家来说是一种可能蔓延的疾病，正如传染病可侵入健全的肌体并使之犯疾一样，国民一旦产生这种嫉妒，他们甚至会反对最合理的国家行为，并使这些行为背上恶名；而为此采取笼络民心的举措也几乎无济于事，因为这正好表明当局害怕嫉妒，软弱可欺，结果造成的损害更大。这也像通常的传染病一样，你越怕它，它越要找上门来。

《培根散文》27 页

这种公众的嫉妒似乎主要是针对高官大臣，而不是针对君王和国家本身。但有一条千真万确的规律，那就是如果某位大臣并无甚过失却招来公众强烈的嫉妒，或是公众的嫉妒在某种程度上是针对一国之所有大臣，那嫉妒的矛头（虽隐而不露）实际上就是指向国家本身了。

《培根散文》27 页

世人还注意到，爱情和嫉妒的确会使人衣带渐宽，而其他感情却不致如此，原因是其他感情都不像爱情和嫉妒那样寒暑无间。

《培根散文》27 页

6 什么样的人遭嫉妒

残疾人的成功通常不易招人嫉妒。因为他们有缺陷，使人乐于宽忍他们的成功。

《人生论》188 页

一个后起之秀是招人嫉妒的。尤其要受那些贵族元老的嫉妒。

《随笔选》131 页

出身微贱的人一旦升腾必会受人嫉妒，直到人们习惯了他的这种新地位为止。而富家的一个公子也将招人嫉妒，因为他并没有付出血汗，却能坐享其成。

《随笔选》133 页

　　一个循序渐进地高升的人，也不会招来嫉妒。因为这种人的提升被看作是正当的。

《随笔选》133 页

　　那种在饱经艰难之后才获得的幸福是不太招人嫉妒的。因为人们看到这种幸福是如此的来之不易，以至甚至产生了同情——而同情心总是医治嫉妒的良药。所以老谋深算的政治家，当他们处于高高在上的地位时，总是向人诉苦，吟唱着“我们多么苦”的歌曲。其实他们未必真的如此受苦，这只是钝化别人嫉妒锋芒的一种计谋。

《随笔选》133 页

　　对于享有某种优越地位的人来说，与其狡诈地掩饰，莫如坦率诚恳地放开（只是千万不要表现出骄矜与浮夸），这样招来的嫉妒会小一些。

《随笔选》134 页

　　那种傲慢不逊的大人物是最易招来嫉妒的。这种人总想在一切方面来显示自己的优越：或者大肆铺张地炫耀，或者力图压倒一切竞争者。其实真正聪明的人倒宁可为人类的嫉妒心留下点余地，有意让别人在无关紧要的事情上占自己的上风。

《随笔选》134 页

在人类的一切情欲中，嫉妒之情恐怕要算作最顽强、最持久的了。所以古人曾说过："嫉妒心是不知道休息的。"

《随笔选》136 页

但嫉妒毕竟是一种卑劣下贱的情欲，因此它乃是一种属于恶魔的素质。《圣经》曾告诉我们，魔鬼所以要趁着黑夜到麦地里去种稗子，就是因为他嫉妒别人的丰收啊！的确，犹如毁掉麦子一样，嫉妒这恶魔总是在暗地里悄悄地去毁掉人间的好东西的！

《随笔选》136 页

有大德者步入老年后较少遭人嫉妒，因为他们的幸运已显得不过是他们应得的报偿，而对应得的报偿谁也不会嫉妒，世人只嫉妒过于慷慨的奖赏和施舍。

《培根散文》25 页

品质优秀者则是在他们的好运赓续不断时遭妒最甚，因此时他们的优点虽依然如故，但已不如当初那样耀眼，后起之秀已使其黯然失色。

《培根散文》25 页

出身贵族者在升迁时较少遭人嫉妒，因为那看上去无非是出身高贵的必然结果，再说这种锦上添花似乎也不会给他们带来更多的好处。

《培根散文》25 页

不过人们能体谅的是那种依命行事的辛劳，而不是那种没事找事的忙碌，因为最让人妒上加妒的事就是那种毫无必要且野心勃勃的事必躬亲；所以对位高权重者来说，保证各级属下的充分权利和应有身份是消除嫉妒的最佳方法，因为用这种方法不啻在自己与嫉妒之间筑起了一道道屏障。

《培根散文》25—26 页

7 易怒是软弱的表现

性情不好的人只是一个好一点的歹徒而已。

Elegant Sentences，Essays，P420.

易怒是一种卑贱的素质，受它摆布的往往是生活的弱者，如儿童、女人、老人、病人。

《随笔选》82 页

有三种情况的人容易发怒：第一是过于敏感的人。他们的神经太脆弱，一点小事就足以刺激他们。其次是认为自己受到轻蔑的人。被人轻蔑会激起怒气，其效果胜于其他伤害。最后是那种认为自己名誉受到损害的人，也最易被激怒。

《随笔选》82 页

关于第一点（怎样克制易被激怒的天性）最好的办法就是在将要动怒时，冷静地想想可能招来的后果。

《随笔选》82 页

无论是谁，假如丧失忍耐，也就丧失灵魂。人不可像蜜蜂那样，"把整个生命拼在对敌手的一蜇中"。

《随笔选》82 页

至于激人发怒之术，与息怒之术相同，关键在于把握时机。人在最急躁或心情不好时最易被激怒。这时可以把所有能令他不快的事都加之于他。

《随笔选》83 页

而若要平息一个人的怒火，第一，在谈一件可能使他激动的事时要选择一个好的机会和场合，第二，要设法解除他因受轻蔑而感到被侮辱的感情，可以把这种伤害解释为并非蓄意，而是由于误会、激动或其他什么偶然的原因。

《随笔选》83 页

戢怒霁颜，了无怨愤，这不过是斯多葛派哲学家们的夸夸其谈。世人已有更切合实际的神示："有怒就发，但不可因发怒而犯罪，亦不可待日落西山时还愤愤不平。"愤怒乃人之常情，但必须在程度上有所节制，在时间上有所限制。

《培根散文》182 页

不过常人须注意，若万一被人激怒，应对冒犯者表示出鄙夷，而不应该表现出畏惧，不然你所受到的伤害就可能显得比实际上更重。这一点不难办到，只要你肯把上述提醒作为自己的规则。

《培根散文》182—183 页

抑制愤怒的最佳办法是为自己赢得时间，使自己相信报仇泄愤的时机尚未成熟，但同时又已预见到了那个时机，这样你便可以使自己平静，从而不致当场发作。

《培根散文》183 页

若要使当场发作的愤怒不造成严重危害，有两个要点须特别注意。一是泄愤之言辞不可过于尖刻，尤其是不可指名道姓地恶语伤人，须知泛泛而骂亦可解恨。同时发怒者不可揭人老底，因为那样会使众人都回避与你交往。第二个要点是不可因一时愤怒而断然抛开自己的职责；总之不管你怎样表现愤怒，都不要做出无可挽回的事情。

《培根散文》183 页

8　野性的报复

报复犹如蔓草，是野性的产物。

《随笔选》137 页

其实，报复的目的无非只是为了同冒犯你的人扯平。然而如果有度量宽谅别人的冒犯，就使你比冒犯者的品质更好。这种大度容人是创业君王所必具的英雄气概。

《随笔选》137 页

没有人是为了作恶而作恶的，而是为了要给自己取得利益、乐趣、荣誉或类此的事情的。因此为什么我要对着某人因为他爱自己胜于爱我而生气呢？并且即令有人纯粹因为生性本恶而作了恶，那又怎样？

也不过像荆棘一样；荆棘刺人抓人因为它们不会做别的事啊。

《培根论说文集》16 页

人们究何所求？难道他们以为他们所用和所交的人都是圣人么？难道他们以为这些人不会为自己打算，并且不是忠于自己胜于人的么？

《培根论说文集》119 页

假如由于法律无法追究一件罪行，而自行报复，那或许还可宽恕。但这要注意，你的报复要不违法因而也能免除惩罚才好。否则你将使你的仇人占两次便宜：一次是他冒犯你时，二次是你因报复他而被惩处时。

《随笔选》138 页

有人只采用光明正当的方式报复敌人，这是可佩的。因为报复的动机不仅是为了让对方受苦，更是为了让他悔罪。

《随笔选》138 页

但有些卑怯恶劣的懦夫却专搞阴谋诡计来报复，他们以暗箭射人，却又不让人弄清箭从何来。这就如同鬼蜮伎俩了。

《随笔选》138 页

一个念念不忘旧仇的人，他的伤口将永远难以愈合，尽管那本来是可以痊愈的。

《随笔选》139 页

过去的事情毕竟过去了，是不能再挽回了。智者总是着眼于现在和未来，念念不忘旧怨只能使人枉费心力。

《随笔选》137 页

念念不忘旧宿怨而积心图谋报复的人，所度过的将是一种妖巫般的阴暗生活。他们为此活着时有害于人，为此而死也是不利于己的。

《随笔选》139 页

只有为国家公益而行的复仇才是正义的。为私仇而斤斤图报却是可耻的。

《随笔选》139 页

人的天性越是向着它（复仇），法律越应当耘除它。因为头一个罪恶不过是触犯了法律，可是报复这件罪恶的举动却把法律的位子夺了。

《培根论说文集》16 页

所罗门曾言：宽恕他人之过失乃宽恕者之荣耀。

《培根散文》12 页

佛罗伦萨大公科西莫曾用极其强烈的言辞谴责朋友的背信弃义或忘恩负义，他似乎认为这类恶行不可饶恕。他说，你可以在《圣经》里读到基督要我们宽恕仇敌的教诲，但你绝不会读到要我们宽恕朋友的训谕。但迄今为止还是约伯的精神高一格调，他说：我们怎能只喜欢上帝赐福而抱怨上帝降祸呢？将此例推及朋友，亦有此问。

《培根散文》13 页

9 说谎是弱者的策略

说谎总是弱者的策略。强者则敢于面对事实，讲出真相。

《随笔选》107 页

假如一个人具有深刻的洞察力，随时能够判断什么事应当公开做，什么事应当秘密做，什么事应当若明若暗地做，而且深刻地了解这一切的分寸和界限——那么这种人我们认为他是有智谋的。他懂得怎样运用塔西佗所说的那种政治的艺术。而对于这种人来说，说谎不仅不必要，而且足以成为一种弱点。但对于一个不具备这种洞察力的人来说，那么他就不得不经常依靠诈术以欺人，从而成为一个骗子。

《随笔选》108 页

因此，一个需要掩饰的政治家，其地位一定是相当软弱的。

《随笔选》107 页

强者之所以享有诚实无欺的美名，也是因为他们像那种训练有素的马善于识别何时可以迅行，何时应当转弯一样，了解坦诚之径应当由何而始，又应当由何停止。这样，即使他们由于不得已而有所掩饰，那么由于人们对他一贯的信任也不易被识破。

《随笔选》108 页

保守诡秘和船在海中行的道（法国人称之为"阴谋诡计"，即人处事藏头露尾）有时可以得逞一时，获得赞赏，然而更多的时候，行诈伪者铸成大错。

The Advancement of Learning，P198.

我们看到最伟大的政治家总是自然地和自由地声明自己的欲望，而不是遮遮掩掩，藏头露尾。如鲁西乌斯·希拉就公开声称他要让敌人遭受厄运，让朋友获得幸福。再如，凯撒在初次进入高卢时，毫不犹豫地公开宣布，他宁愿在一个村子里为头，而不愿在罗马为副。

The Advancement of Learning，P199.

欺人之术有三种。第一种是沉默。沉默就使别人无法得到探悉秘密的机会。第二种是消极地掩饰。这就是说，只暴露事情中真实的某一方面，目的却是掩盖真相中更重要的那些部分。第三种是积极地掩饰。即故意设置假相，掩盖真相。

《随笔选》108 页

最令人无地自容的恶行莫过于被人发现其阳奉阴违，背信弃义；因此蒙田的说法可谓恰如其分，他探究谎言为何这般可耻这般可恨时说：细细想来，说人撒谎就等于说他不畏上帝而惧世人。因谎言直面上帝而躲避世人。想必撒谎背信之恶不可能被揭示得比这更淋漓尽致了，依照此说，撒谎背信将是唤上帝来审判世人的最后钟声；盖预言曾云：基督重临之日，他在这世间将难觅忠信。

《培根散文》3 页

10　掩饰自己

掩饰自己的短处和强调自己的长处同样重要。要掩饰也有三种方法。第一，通过谨慎；第二，装饰；第三，自信。谨慎就是小心而灵巧地避免去做自己所不擅长的事情——相反地有些莽撞的和不安分的人总是不管三七二十一贸然插手一些事情，从而使自己的缺陷暴露无遗。装饰就是千方百计地雕塑修饰自己的错误和缺陷，而在做这件工作时却显出是出于美好的动机或出于另外的打算，正如下面这句话所说："让与优点相近的东西包藏住缺点。"

因此，一个人不管有什么缺陷，他必须注意用优点遮掩住它。如，如果他是个沉闷的人，就装出庄重的样子；如果他是个胆怯的人，就装出温和的样子，以此类推。另外，他要给自己的无能和掩饰找到貌似合理的借口，为此，他要经常掩饰自己的突出的无能，把自己真正的缺陷装点为仅仅是由于勤奋才产生的。

自信是最后一种但也是最好最保险的方法，即对自己无法达到的事情加以贬低，甚至嗤之以鼻。这是商人的拿手好戏：竭力抬高自己商品的价值，贬抑其他商人的商品价值。

The Advancement of Learning，P195.

经验证明，很少人能忠实于自己而固定不变。有时由于发热，有时由于勇敢，有时由于善心，有时由于心情烦恼和脆弱，他们泄露了自我——特别是当他们一反虚伪的常态时更是如此。

The Advancement of Learning，P191.

胆怯者自称谨慎，悭吝者自称节俭。

Elegant Sentences，Essays，P418.

至于第三点，即作伪或说谎，那么我认为，即令它可能在某些场合发挥某种作用，但总之，其罪恶是远远超过其益处的。经常作伪者绝不是高明的人而是邪恶的人。一个人起初也许只是为了掩饰事情的某一点而作一点伪，但后来他就不得不作更多的伪，以便掩盖与那一点相关连的一切。

《随笔选》110 页

作伪有三种害处。第一，说谎者永远是虚弱的，因为他不得不随时提防被揭露。第二，说谎使人失去合作者。第三，这也是最根本的害处，就是说谎将使人失去人格——毁掉人们对他的信任。

《随笔选》110 页

有的人似乎是那样善于保密，而保密的原因其实只因为他们的货色不在阴暗处就拿不出手。

《随笔选》115 页

有的人喜欢说话只透露半句，只因为他们对事情除这点皮毛之外再无所知。

《随笔选》115 页

有的人说话专拣伟大的辞藻，对任何不了解的事物都敢果断地议论，似乎如此便可证明自己的高明。

《随笔选》115 页

有的人藐视一切他们弄不懂的事物，以蔑视来掩盖自身的无知。

《随笔选》115 页

还有的人对一切问题都永远表示与人不同的见解，以此来标榜自己具有独立的判断力。其实这些人正是盖留斯所说的："一种疯子，全靠诡辩来败事。"

《随笔选》115 页

世人历来有种看法，认为法国人实际上比看上去聪明，而西班牙人则看上去比实际上聪明；但且不论民族之间的这种差异到何等程度，人与人之间的情况可的确如此，因为正如圣保罗所说：有人虚有虔诚的外表，实无虔诚的内心。

《培根散文》81 页

所以就智慧和能力而言，这世上当然就有些虽不会做事、很少做事或只能"极其费力地做点小事"的聪明能干之人。若能看出这类徒有其表者是用什么手段和方法使虚显实，使浅显深并使小显大，那明智之士都会觉得荒唐可笑，会觉得这等事真该写篇讽刺文章。

《培根散文》81 页

有些人显得聪明完全是靠借助于表情手势，他们就像西塞罗所形容的庇索："你回答说不赞成虐待之时，一道眉毛扬到了额顶，另一道则垂到了腮帮。"

《培根散文》81 页

一般说来，这种人在审议任何提案时都乐于持否定态度，并指望凭着表示反对和预言困难而获得声望；因为提案一经否决他们就万事大吉，而提案若被通过则需要一番新的工作；这种骗人的聪明实乃国家大业的祸害。

《培根散文》82 页

　　总而言之，这些不学无术者一心要保住的就是他们精明能干的名声，正如负债的商人和破产的阔佬一心想保住他们富有的名声一样，不过若论为保名声而玩弄的花招之多，后者比之前者则可谓小巫见大巫。

《培根散文》82 页

　　貌似聪明者也许会凭其手腕获得名声，但当政者千万别挑选他们担任要职；因不可否认，即便用那种稍显愚笨者也胜过任用这等徒有其表的聪明人。

《培根散文》82 页

11　大胆地显示你自己吧

　　了解了和识别了自我，下一个就是恰如其分地开放和显露自我。在这方面我们看到，越有本事的人越是更少地显露自己。

The Advancement of Learning，P195.

　　我们可以看看塔西陀是怎样谈论他那个时代最伟大的政治家马申奴斯的："他知道怎样对他说的话和做的事进行渲染。"这确实需要某种艺术，否则其演说将变得冗长而乏味。

The Advancement of Learning，P195.

虽然炫耀是虚荣的第一步，但对我来说，炫耀只是方法上的缺陷而非策略上的错误。正如"大胆地诽谤吧，坚持自己的阵地"。我们也可以说："大胆地显示你自己吧，坚守自己的阵地。"——这种显示只要不到达荒诞的地步就行。

The Advancement of Learning，P195.

12 虚荣心是事业的推动力

对于军人来说，荣誉心是不可少的，因而正如钢铁因磨砺而锋利一样，荣誉可以激发斗志。在冒险的事业中，豪言壮语也可以增加胆力，审慎持重之言反而使人泄气，它们是压舱铁而不是船帆，应当被藏于舱底。

《随笔选》112 页

古代贤哲如苏格拉底、亚里士多德、盖伦等，也都是有夸耀之心的人。虚荣心乃是人生事业的推动力之一。

《随笔选》112 页

所以以德行本身为目的者，绝没有以德行为猎名之手段者更能获得荣誉。西塞罗、塞尼长、小普利尼的事业都多少关连着他们的虚荣心，所以他们的努力持久不懈。

《随笔选》113 页

虚荣心有如油漆，它不仅使物体显得华丽而且能保护物体本身。

《随笔选》113 页

但不可否认，吹嘘在国家事务中也有其用处。譬如说要为某种德行制造舆论，或者说需要为某人歌功颂德，上述好吹嘘者就可充当挺好的吹鼓手。再如李维谈及安条克三世与埃托里亚人结盟时就指出："说客对其游说的双方之交叉吹嘘，有时候可以收到奇效。"因为，要是一名说客在两位君王间游说，想把他们拉入一场对第三者的战争，那他往往会分别对这两位君主夸大其未来盟友的力量，以达到促使二者结盟的目的。

《培根散文》171 页

说到学者的名望，若无几片虚饰的羽毛，谁都难以名扬天下。"那些写书说名望如粪土者都没忘记把他们的大名印在扉页"。

《培根散文》172 页

塔西佗说："此人有一种可使其以往的全部言行都获得赞赏的表现技巧。"须知这种技巧并非产生于虚荣之心，而是产生于自然得体的宽容和谨慎。

《培根散文》172 页

13　抬高自己

又如有人对两个互不知底细者吹嘘自己能影响对方，结果巧妙地把自己的地位抬高了。在这些事例中，这种人几乎可以说是白手造就了时势，凭借谎言和吹嘘而获得了力量。

《随笔选》112 页

其实一切表现恰当的谦虚、礼让、节制，都可以成为更巧妙的求名自炫之术。比如假使你有一种专擅的特长，那么你就不妨极口称许并不如你的其他人的这种长处。对于这种做法，小普利尼说得好："你既是夸奖别人，又是夸奖自己。如果他的这种优点不如你，那么既然他值得夸奖，当然你就更值得夸奖了。如果他的这种优点强于你，他不值得夸奖，你就更不值得夸奖了。"

《随笔选》113 页

但说到底，自夸自赏是明智者所避免的，却是愚蠢者所追求的，谄媚者所奉献的。而这些人都是受虚荣心支配的奴隶。

《随笔选》113 页

自夸必然会煽起纷争。因为一切自夸都要拿他人作比较。

《随笔选》111 页

还有一种不正当的手段也很有市场，即欺诈：胸无点墨却急于表现自己的学问。莱蒙德斯·鲁里乌斯就是由于它而出名。这种方法跟至今流行的某些记名法书籍无甚区别，它只是由各种各样的学问的词汇堆砌而已。这种堆砌暗中表示堆砌者自己懂得这些学问。但实际上这种词汇的堆集就像旧衣店或当铺，里面各类东西应有尽有，但有价值的东西一件没有。

The Advancement of Learning，P145.

但虽然智慧之人和上等人讥笑和鄙视这种炫耀，但它还是被无知之人和下等人常常使用。而且使用起来非常见效，这足以抵消对它的鄙视和讥笑。而且，假如将它自然地、愉快地和灵活地运用于礼仪和政治方面，或者像军事人物那样将它运用于危险和动乱年代，或者是极度羡慕他人的时候，或者不是当真地使用它，只是顺手拈来，随手扔掉时，或者同样自如地既指责自己又美化自己时，或者是将它运用于反抗和反击别人的伤害和侮辱时，它都能带来极大的体面。当然，许多庄重严肃的人也需要这种炫嘘，而且他们要做起来不会比别人差，但由于他们的克制，有时也会带来诸多不利和危害。

The Advancement of Learning，P195.

伊索有则寓言讲得甚妙，停落在大车轮轴上的苍蝇说："看我把尘土扬得多高！"世上亦有这么一些爱虚荣的人，无论何事有进展，也不管这进展是由能力更强者在推动，只要此事与他们挨得上边，他们便以为其进展全凭他们的力量。

《培根散文》171 页

好自夸者都必然言辞激烈，以证明他们的吹嘘属实。而好吹嘘的人必然不能保密，故他们往往成事不足，败事有余。这种人正好应了一句法国格言——大吹大擂者做得最少。

《培根散文》171 页

14　称赞与谄媚

能否获得称赞或获得多少称赞，常被认作是衡量一个人才华、品德的标尺。其实这正如镜子里的幻象。由于这种称誉来自庸众，因而常常是虚伪却未必反映真价值。

《随笔选》54 页

假如称颂你的人只是一个平庸的献媚者，那么他对你说的就不过是他常常对任何人说的一番套话。

《随笔选》55 页

但假如这是一个高超的献媚者，那么他必定会使用最好的献媚术，即恭维一个人心中最自鸣得意的事情。

《随笔选》55 页

而假如献媚者具有更大的胆量，他甚至公然称颂你内心中深以为耻的弱点，把你的最大的弱点说成最大的优点，最大的愚笨说成最高的智慧，以"麻木你的知觉"。

《随笔选》55 页

有些称赞比咒骂还恶毒，这就是那种煽动别人嫉恨你的称赞。此所谓"最狠的敌人就是正在称颂你的敌人"。所以希腊古人说："谨防鼻上有疮却被恭维为美。"

《随笔选》55 页

因此人们常常受到欺骗，宁肯把称赞赐予伪善。

《随笔选》54 页

有些称誉是出自善意与尊敬心的，这样的称誉是我们对于帝王或大人物们应有的礼仪之一，这就是"以称誉为教训"；就是，对某些人说他们是如何如何的时候，实际就是告诉他们应当如何如何也。

《培根论说文集》186 页

流俗之人是不懂得许多出类拔萃的美德的。最低级的才德能赢得他们的称誉，中等的才德能在他们心里引起惊讶或艳羡；但是对于最上的才德他们就没有识别的能力了。唯有表面上的表现和假冒的才德乃是最受他们欢迎的。

《培根论说文集》185 页

所以名誉有如江河，它所漂起的常是轻浮之物，而不是确有分量的实体。有价值的称赞应该来自真正的真知灼见之士。

《随笔选》55 页

对于称赞加以怀疑是有道理的，因为虚誉钓人的事实在太多了。

《随笔选》55 页

即使好心的称赞，也必须恰如其分。所罗门曾说："每日早晨，大夸你的朋友，还不如诅咒他。"要知道对好事的称颂过于夸大，就反会招来轻蔑和嫉妒。

《随笔选》56 页

至于一个人自称自赞，——除了罕见的特例以外，更是会适得其反。

《随笔选》56 页

人唯一可以自我夸耀的只有职责。因为承担重大的职责是有权引以自豪的。

《随笔选》56 页

那些身为神学家或经院神学家的罗马红衣主教就自命不凡，对世俗事务极其鄙薄，因为他们把所有的将军、大使、法官和其他非神职官员都叫作"代理执政官"，仿佛他们不过是在代行职权，然而这些"代理执政官"之所为往往比主教们高深的思辨更于人有益。

《培根散文》170 页

圣保罗在夸耀时屡屡说"恕我妄言"，但当他言及其工作时却说"我要赞美我的使命"。

《培根散文》170 页

有些称颂褒扬已纯粹是为了阿谀奉承。

《培根散文》169 页

但倘若异口同声的赞赏来自有识之士，那就如《圣经》所言，美名犹如香膏，这种美名可远扬四方并久久不散，因为香膏之芳泽比鲜花之芬菲更能持久。

《培根散文》169 页

五、求 知 篇

1　时间乃是众作家的作家

若期待用在旧事物上加添和移接一些新事物的做法来在科学中取得什么巨大的进步，这是无聊的空想。我们若是不愿意老兜圈子而仅有极微小可鄙的进步，我们就必须从基础上重新开始。

《新工具》16 页

即使只想把我所提出的东西对人们传授和解说明白，也并不是容易的事；因为人们对于那本身其实是新的事物也总是要参照着旧的事物去领会。

《新工具》16 页

对古代过度尊崇就是对今世的诋毁。

Elegant Sentences，Essays，P422.

新事物就像陌生人，叫人惊异但并不受欢迎。

Elegant Sentences，Essays，P422.

对于寻求真理而不是寻求统治的人来说，看到前面已有几种探索自然界基础的观点只会有百利而无一害——因为这些解释和观点也许各有其长处。

The Advancement of Learning，P104.

有的心极端地崇古，有的心则如饥如渴地爱新；求其秉性有当，允执厥中，既不吹求古人之所制定，也不鄙薄近人之所倡导，那是很少的了。这种情形是要转为有大害于科学和哲学的；因为，这种对于古和新的矫情实是一种党人的情调，算不得什么判断，并且真理也不能求之于什么年代的降福——那是不经久的东西，而只能求之于自然和经验的光亮——这才是永恒的。

《新工具》29 页

在大多数情况下，要向两个时间祈求忠告：向古代问询什么是最好的，向今世问询什么是最适宜的。

Elegant Sentences，Essays，P426.

至于说到权威一层，人们若如此折服于作家而却否认时间的权利，这只表明他智力薄弱；因为时间乃是众作家的作家，甚至是一切权威的作家。有人把真理称作时间之女，而不说是权威之女，这是很对的。

《新工具》62 页

这样看来，人们的力量既经这样被古老、权威和同意这三种蛊术所禁制，他们于是就变得虚萎无力（像中了魔魇的人一样），不追求事物的性质，这也就不足诧异了。

《新工具》62 页

产生这些疾病的因素之一就是两个极度渲染自己的互相对立的极端：一个是旧，另一个是新。似乎时间的孩子具有父亲的天性，也继承了父亲的怨毒。它们互相毁灭和压制对方。旧嫉妒新的成就，而新则不满足于仅仅在旧的基础上增加新东西，而要彻底破坏旧事物。不过在这个问题上，还是预言家为我们指出了秘津："站在前人的道路上，看它是否平坦而宽敞，然再举举步上。"古人应受此尊敬，人们应以古人为立足点，去选择最好的道路；找到最好的道路时，就要向前走。

实际上，"一代前人只是世界的幼年"。随时光流逝，这个时代成了古代，不过不是成了我们从我们自己向后推算所说的那种古代。

The Advancement of Learning，P31.

2　为什么人们不愿追随真理

真理是自身的尺度。它的教导是——要追求真理，要信赖真理，这是人性中的最高品德。

《随笔选》9 页

希腊晚期哲学家中有人提出一个问题：他不懂，是谬误中的什么东西，竟能吸引人不愿抛弃它。虽然谬误既不像诗那样优美，又不像经商那样使人致富。

《随笔选》9 页

我也不懂这究竟是为什么——也许因为真理好像平凡的日光，在它照耀下人世间所表演的那种化装舞会，远不如在彩色灯火映照下所显示的幻影那样华丽。

真理只是一颗纯洁的明珠，它虽然晶莹透亮，却仿佛比不上那些五颜六色的玻璃片。

《随笔选》9 页

使人们宁愿相信谬误，而不愿追随真理的原因，不仅由于探索真理是艰苦的，而且是由于谬误更能迎合人类某些恶劣的天性。

《随笔选》8 页

似是而非的谬误有时令人愉快。假如一旦把人们心中那种种自以为是、自以为美的幻觉，虚妄的估计，武断的揣想都清除掉，就将使许多人的内心显露出原来是多么地渺小、空虚、丑陋；甚至连自己都要感到厌恶。难道有谁不相信这一点吗？

《随笔选》9 页

尤其有害的还不仅是那种浮夸一时的谬见，而更是那种根深蒂固、盘踞人心深处的谬误。

《随笔选》9 页

有一派哲学在其他方面是肤浅的，但其中一位诗人却曾说过一句十分高明的话，他说："站在高岸上遥看颠簸在大海中的行船是愉快的，站在堡垒中遥看激战中的战场也是愉快的，但是没有能比攀登于真理的高峰之上，然后俯视来路上的层层迷障、烟雾和曲折更愉快了!"——只要能这样看的人不自满，那么这些话的确说得好极了！是啊，一个人如能在心中充满对人类的博爱，行为遵循崇高的道德律，永远围绕着真理的枢轴而转动，那么他虽在人间就等于生活在天堂中了。

《随笔选》10 页

即使那些行为并不坦白正直的人也会承认坦白正直地待人是人性的光荣，而真假相混则有如金银币中杂以合金一样，也许可以使那金银用起来方便一点，但是把它们的品质却弄坏了。

《培根论说文集》6 页

爱假者之爱假仅仅是为了假象本身的缘故。

《培根散文》1 页

探究真理即要对其求爱求婚，认识真理即要与之相依相随，而相信真理则要享受真理的乐趣。

《培根散文》2 页

在创天地万物的那几日中，上帝的第一创造是感觉之光，最后创造是理智之光；从那时暨今，他安息日的工作便一直是以其圣灵启迪众生。起初他呈现光明于万物或混沌之表面，继而他呈现光明于世人之面庞，如今他依然为其选民的面庞注入灵光。

《培根散文》2 页

3　学问是什么

毫不荒谬地说，科学可以被称作怪物。无知和愚笨之人视之为异物，对她赞叹不已。她的体形和形状根据她所研究的物体而变化多端，她具有快乐的面庞和流利的口才。因此她的声音和面容是阴性的。她有许多翅膀，因为科学和发明不住地飞来跑去。因为像光被从一个火炬传到另一个火炬一样，知识一旦获得，便光芒四射，传遍八方。她被想象成有尖而弯的爪子，因为科学原理和论点一进入思想，便牢牢地锲进去，稳固住它，使之不能游动或溜走。正如神学家所说："智慧人的言语，好像刺棍或钉牢的钉子。"再者，一切科学被置于很高的地位，就像高山之巅难以攀登；因为科学在人们的想象中非常崇高而傲慢。她们高高在上，俯视着无知；她们似乎是站在山顶，眼观六路，耳听八方。人们说，科学中间是大路。在人生的旅途中，可以碰到和思考许多事物和事件。

Wisdom of the Ancients，P28.

4　知识辩

我听前一类人（神职人员）说，接受知识要有限度和小心谨慎才是；渴求太多的知识是一种原始的诱惑和罪恶，结果会导致人类的堕落，知识里面掺杂有蛇毒，它一旦进入人类的心里，便会使人傲慢自大；"学问使人膨胀"，所罗门责难道，"著书立说的活动无休无止，但读书太多会使人厌倦肉欲"；在另一个地方，所罗门还说："在广阔的知识领域里，充满了悲伤，学的知识越多越叫人不安"；圣保罗警告道："不要被无用的学问惯坏了"；经验向人们证明，学识渊博的人怎样变为异端祸首，学术兴盛的时代怎样为无神论所充斥，第二种原因的思考怎样使人减退了对上帝——第一种原因——的思考和依赖。这种想法的无知和错误以及这种误解产生的根源好像是这样的：这些人没有注意到或考虑到并不是自然和一般的纯粹的知识——人类曾借助它按照伊甸园里其他生物的行为为它们取名——导致堕落，导致人类堕落的原因是由于对善恶的了解使人类自负地想自己制定自己的法律，而不再依靠上帝的指令；这确是一种诱惑。然而，再多的知识——无论多么多——都不能使人的心灵自高自大，因为除了上帝和上帝的思想没有什么能充满或稍微扩展人的灵魂；因此，所罗门在谈到获取知识的两大器官眼睛和耳朵的时候，肯定地说：眼睛决不会满足于看，耳朵也决不会满足于听，既然没有满足，那么就是满足大于内容。

The Advancement of Learning，P4.

那么很明显，不管知识量有多少，都没有任何灭顶之灾，只要不自满或膨胀就行；再者，问题仅仅在于知识的质量，而不在于数量，如果不加选择地吸收一切知识，那么知识里面难免掺有毒剂或邪恶等东西。这种知识肯定会造成恶劣影响。

The Advancement of Learning，P5.

求知可以作为消遣，可以作为装饰，也可以增长才干。

《随笔选》12 页

当你孤独寂寞时，阅读可以消遣。当你高谈阔论时，知识可供装饰。当你处世行事时，正确运用知识意味着力量。

《随笔选》12 页

求知太慢会弛惰，为装潢而求知是自欺欺人，完全照书本条条办事会变成偏执的书呆子。

《随笔选》12 页

至于说学问与政治不能融洽，是确有此嫌。学问确实使人的心灵软弱，从而不适于其身体的活动和出人头地；学问确实伤害了和减退了人们处理政府和政策事务的能力。因为各种各样的书籍使人们太好奇，过于优柔寡断，或者使人们拘泥于规则和定理而变得太武断或生硬；或者由于自恃才高而变得自负和有恃无恐；或者由于热心于标新立异而变得与时尚格格不入；或者，最起码，学问能使人荒废事业而耽湎于游手好闲和退隐，能使一国之纲纪崩坏，人民爱好辩论与纷争，而不事劳作。

The Advancement of Learning，P8.

至于说学问使人玩忽职守，厌倦国家事务，学问好像确有嫌。但如果真有其事，我们应该记住，学问在国家事务中提供的药剂或处方的效用比引起的厌倦实务和动摇的恶果要大。因为如果说它暗中使人茫然和优柔寡断，但在另一方面却以浅显易懂的道理教给人们什么时候和根据什么作出决断——决非夸张。并且它还教给人们公正地处理悬而未决的问题，直到它们最后得到解决；如果说它使人刚愎自用和生搬硬套，它却教给人们什么确实具有指导性，什么只是恣意猜测而已，它教给人们既坚持原则和大政方针，又能就具体问题灵活地运用原则；如果说它标新立异地提供一些不合时宜的事例，让人误入歧途，

培/根/哲/言/录 131

那么它却可以让人了解事态的实况，让人了解通过比较而发现的错误，从而在实际事务中提高警惕（以免犯类似的错误）；所以在所有这类事务中，它更有效地矫正了错误，而不是将人引到邪路上去。学问运用简捷的事例和穿透作用将经验教训输入人的头脑。所以，让一个人去研究克力门七世的错误吧——这些错误由他的下属盖奇亚狄涅（Guic-cardine）作过生动的描述，或者让一个人去研究西塞罗（Cicero）的错误吧——这些错误他自己曾在他的《阿提科斯的使徒书》中作过记录，那么这个人会很快变得不再优柔寡断。让一个人去研究伏塞翁（Phocion）的错误吧，这样他就会意识到自己曾经是多么固执和呆板。让一个人去阅读伊克塞翁（Ixion）的寓言故事吧，这样他就不再狂妄和空想。让一个人去研究加图（Cato）二世的错误吧，这样他就不会再做对蹠人，与世界格格不入。

The Advancement of Learning，11 页

读史使人明智，读诗使人聪慧，演算使人精密，哲理使人深刻，伦理学使人有修养，逻辑修辞使人善辩。总之，知识能塑造人的性格。

《随笔选》14 页

如果那种能叫人的大脑不停地转动的学问会使人变得懒散，那可真是天下之大奇闻。正相反，可以确定无疑地说，除了学者之外没有人为实际事务本身而爱实际事务。因为有人爱实务是为了图谋好处，正像劳工工作是为了工资；或者是为了沽名钓誉而爱实务，因为做实际事务能在人们心里留下印象，能够带来好的名誉或恶的名声；或者做实务能使他们关注自己的命运，让他们有机会去寻求快乐或烦恼；或者通过做实务，他们可以实践自己的才能，从而获得一种自豪感，从而心情愉快，从而有益于身心健康；或者通过实务，可以让人达到

其他各种目的。所以，正像人们谈到虚假的勇敢时说有些人的勇敢是给别人看的一样，这一类人的忙碌是为了哗众取宠，最起码抱有个人目的或动机。只有学者是天性爱好实际事务，这种活动有益于心灵的健康，正像体育锻炼有益于身体健康一样。他们从这种活动本身得到快乐而不是另有他图。由于这个原因，他们做起事来总是专心致志，孜孜不倦。

The Advancement of Learning，P12.

　　读书使人的头脑充实，讨论使人明辨是非，作笔记则能使知识精确。

《随笔选》13 页

　　问题是，这些工作后的闲暇时光该怎样充实和度过：要么用于嬉戏，要么用于学习。这个问题在德摩斯梯尼（Demosthenes）回答其对手伊什涅（Aschines）时得到了很好的回答。后者一直沉湎于玩乐。德摩斯梯尼说伊什涅的讲演有点儿煤油灯味儿，他说："确实，你我在煤油灯下做的事情有天渊之别。"所以正如人们不必怀疑学问会排斥实际事务一样，学问还能防止和避免思想被嬉戏玩乐所占据。否则，久而久之，人的思想便会不知不觉地受到这种恶习的侵袭。

The Advancement of Learning，P13.

　　求知可以改进人的天性，而实验又可以改进知识本身。人的天性犹如野生的花草，求知学习好比修剪移栽。

《随笔选》12 页

　　至于说学问会破坏法律和政府的尊严，则纯属诽谤和诬蔑，纯属莫须有之罪名。如果说一种盲目服从的习惯会比在执行法律前了解自己的责任的风气更可提倡，那么就是说，由人牵引才能走路的瞎子比在大白天走路的明眼人的方向更可靠。无可辩驳地说，学问能使人的思想变得温驯、慷慨、柔韧、易于驾驭；而愚昧则使人粗鄙、蛮横和暴戾。时间证明：最野蛮、最粗俗和最愚昧的时代是最易滋生骚乱、暴动和政变的时代。

The Advancement of Learning，P14.

有学问的人把国家或他们的主人的安全，发达和荣誉看得比自己的命运还重要。

The Advancement of Learning，P18.

相反，只有政治家中的贪赃枉法者，他们没有受到学问的熏陶，没有树立起热爱和善理自己职责的世界观，也没有对这浩渺的世界进行过探索，只有他们才把世上一切视为己有，把自己看成世界的中心，好像一切线条都应当在他们那儿和他们的命运汇合。当狂风暴雨来临之际，他们决不关心一般人的死活，而是乘着救生艇自己逃命。相反有人能感到职责的分量和自爱的限度，他们能充分利用他们的地位和职务为公众服务，即使有危险也在所不辞。

The Advancement of Learning，P19.

学识渊博者的行为举止常常是不拘小节，这使他们经常在琐碎而普通的问题上犯错误。这让那些庸俗的小人钻了空子，用学者的小毛病来评判学者的丰功伟绩。

The Advancement of Learning，P20.

狡诈者轻鄙学问，愚鲁者羡慕学问，唯聪明者善于运用学问。知识本身并没有告诉人怎样运用它，运用的方法乃在书本之外。

《随笔选》13 页

不可专为挑剔辩驳去读书，但也不可轻易相信书本。求知的目的不是为了吹嘘炫耀，而应该是为了寻找真理，启迪智慧。

《随笔选》13 页

5 求知目的

可以肯定地说，正像许多质地坚硬之物年久腐朽、变质，最后成为一堆虫蛆一样，美妙而精彩的知识也会腐朽瓦解为一堆乖巧的、空虚的和令人厌恶的虫蛆状的东西。这种东西里面确实有某种思维的敏捷和机智，但是腹中空空，华而无实而已。这种堕落的学问的市场主要在经院学派中间。这些人才思敏捷，又有足够的闲暇，做着专门的学问。但他们的聪明被禁锢在少数作家的狭小的地窖里（主要是他们的先祖亚里士多德的地窖），正像他们的身体被关在修道院和学院里一样。他们不知寒暑之交替，万物之变迁，与世隔绝，终日搜肠刮肚，忙忙碌碌，玩弄着文字游戏，无休无止地编织着学问之网。如果人的智慧和思想被应用于物质这个造物主之佳作，应用于物质本身的探讨，自然会受到局限；但如果人的智慧和思想被用来自我完善，像蜘蛛织网一样，那么它只能是无尽无休，最终形成真正的束缚知识的蜘蛛网：线和网完美无比，但内里空空如也，劳而无功。

The Advancement of Learning, P25.

但最大的错误莫过于错误理解或错置（了）知识的最终或最远大的目的。人们渴求学问和知识，有时是出于天性的好奇，喜欢打破砂锅问（璺）到底，有时是想变换一下口味借以自娱；有时是为了装饰门面，沽名钓誉；有时是为了磨砺机智之锋芒以反驳别人；最多的时候是为了赚钱和谋求职业；很少有人将其理智之礼物献给人类公共事业。好像在知识中他们可以找到一只安乐椅以便让那探索的不安的灵魂得到歇息；可以开拓出一片平地，好让那游荡的多变的思想得以尽情地走来走去；可以找到一座高耸入云的尖塔，好让那高傲的心灵出人头地；可以找到一座堡垒或一块根据地，用以争斗或角逐东西；可以找到一爿商场，用以买卖或盈利，但绝对不是为了寻找一座丰富的宝库，绝不是为了荣耀造物主和使人类摆脱世俗的世界。但如果思想与行动比以前能更紧密地结合和联为一体（就像土星——安歇和思想之星和土星——文明社会和行动之星的结合一样），也确实能提高知识的尊严和抬高学问的地位。虽然如此，我说到实用和行动的时候，不是指前面提到过的将知识用于赚钱或谋生的目的，因为我十分清楚那样会分散和打扰知识的进程和发展，就好像在亚特兰塔前面扔一只金色的小球：她跑到一边弯腰拣球，她当然赢不了赛跑。

The Advancement of Learning，P35.

6　包治百病

不仅如此，精神上的各种缺陷，都可以通过求知来改善——正如身体上的缺陷，可以通过运动来改善一样。例如打球有利于腰肾，射箭可扩胸利肺，散步有助于消化，骑术使人反应敏捷，等等。同样，一个思维不集中的人，他可以研习数学，因为数学稍不仔细就会出错。

缺乏分析判断力的人，他可以研习经院哲学，因为这门学问最讲究烦琐辩证。不善于推理的人，可以研习法律学，如此等等。这种种头脑上的缺陷，都可以通过求知来治疗。

《随笔选》14 页

学问能把狂乱、野蛮和尖刻从人的头脑中清除出去，不过这种学问本身要扎扎实实。因为轻浮的学问会适得其反。

学问提出大量的各种各样的质疑和困难，以供头脑兼顾平衡正反两个方面，从而避免了先入为主的偏见，使头脑最后接受的都是经过检验和实验过的结论。这样就避免了头脑为轻率、狂傲和专横所充斥。

The Advancement of Learning，P55.

学问能包治思想中的所有疾病，但要把每一个药方都呈现在读者诸君面前，对于我来说是力不从心的。有时它使暴戾变得恬适，有时能畅通思想，有时能帮助消化，有时能增进食欲，有时能治愈创伤和疮痛，等等。因此，我要用全面的推理和精确的计算作出如下结论：它使人的思想免于深深陷入错误之中不能自拔，从而使思想易于成长和完善。

The Advancement of Learning，P56.

如果有人不读书又想冒充博学多知，他就必定很狡黠，才能掩饰他的无知。

《随笔选》13 页

无知之人将自己的长处加以大肆炫耀，并巧妙地利用，但不能使之有半点增加；他将自己的短处加以遮掩虚饰，但不能使它得到一点弥补。就像一个蹩脚的割草人，他不停地割啊，割啊，但从不磨镰刀。恰恰相反，有学问的人则既使用头脑，又不断地矫正和修补思想。

The Advancement of Learning，P56.

7 学问与永恒

我们知道，控制的荣耀随着控制的对象的不同而变化。像牧人那样控制野兽，为人所不屑一顾；像老师那样控制孩子，只是微不足道的荣誉，控制划船奴隶是一种羞辱而不是荣誉；暴君控制人民也不是荣誉，因为这有失人之慷慨风度。当然，自由君主国和共和国的统治要比暴君统治令人感到亲切而舒畅，因为这种控制延伸到了对人的意志的控制，而不仅是对人的活动的控制。

然而对知识的驾驭高于对人的意志的控制，因为它是对人的理性、信仰和理解力——心灵最优秀的部分，它给意志制定定律——的控制。因为除了知识和学问之外，世上没有任何力量能在人的精神和灵魂之中和在人的思想、想象力、意见和信仰之中建立起自己王国的宝座。

The Advancemeot of Learning，P56.

知识和学问的快乐在内质上远远超过其他任何快乐。因为，既然欲望的满足和胜利的获得的快乐胜过一首歌或一顿晚餐，即感情的快乐胜过感官的快乐，难道智力或理解力的快乐就不能胜过感情的快乐吗？我们看到，所有其他快乐都有满足的时候，当它们变得习以为常以后，新鲜感就过去了。这说明它们都是虚假的快乐，不是真实的快乐：叫人愉快的是新鲜，而不是本质。因此，我们看到，骄奢淫逸者出家为僧，雄心勃勃的王子变得郁郁寡欢。但是学海无涯，永无止境，满足和贪欲永远交相轮替。因此，学问的快乐并不是无常假象或昙花一现，而是永远闪耀着本身的优秀特质。

The Advancemeot of Learning，P58.

学问能使人排除或转移对死亡的恐惧——这种恐惧是美德的最大障碍，是人生的最大缺陷。因为如果一个人沉湎于对事物衰败和灭亡的思考，那么他无疑是埃皮克特图斯（Epictetus）的再现：埃皮克特图斯有一天看见一个妇女在哭她摔碎了的陶罐，第二天他又去那个地方，发现一个妇女在哭她死去的儿子，于是他就感慨地说："昨日见易碎者破碎，今日见尘世人离开尘世。"

The Advancemeot of Learning，P55.

依靠学问，一个人超过了他人，就像人类超过了野兽；依靠学问，人类上升到其身体不能达到的天体及其运动，等等。人类渴望知识和学问的尊严和优雅。藉此，让我们对不朽或连续性作个结论。家庭或家族世代繁衍，为求生命的延续；建筑、基石和纪念碑，为求不朽，纪念、名誉和庆典，总之人类一切欲望皆为此目的。那么我们可以看到智慧和学问比起权势或权力的纪念碑是怎样地经久不衰。两千五百年来，无穷无尽、浩如烟海的宫廷、庙宇、城堡、城市衰朽倾覆，灰飞烟灭，然而荷马的史诗不是一字一句犹存于人间吗？我们不可能一睹赛勒斯、亚历山大、恺撒的真容，也看不到多年以后的君王或伟大人物的真容，因为他们的真容不能持久，而真容的复制品只会损害他们的本来面目。但智慧和知识的形象永存于书本之中，不受时光侵蚀，可以不断更新。不，将它们称为形象不太确切，因为它们仍然充满生机，将其种子撒播于人类心灵，激励和支配我们现在和将来的一切行动和思想。因此，如果船的发明被视为高贵——它能将财富和商品从一个地方运到另一个地方，它的活动将相隔遥远的地区联系起来，那么，像船一样跨过时间的浩渺海洋，将遥远的时代联系起来，并且给人以智慧、启蒙和一个接一个的创造发明的学问应该何等高贵！

The Advancemeot of Learning，P59.

8 科学的最大障碍

有些人自认把自然界的法则作为已被搜寻出来和已被了解明白的东西来加以规定，无论是出于简单化的保证的口吻，或者是出于职业化的矫饰的说法，都会给哲学以及各门科学带来很大的损害。因为，他们这样做固然能够成功地引得人们相信，却也同样有效地压熄了和停止了人们的探讨；而破坏和截断他人努力这一点的害处是多于他们自己努力所获得的好处的。

《新工具》1 页

但是，对于科学的进展以及对于科学当中新事业和新职务的承担方面的远远甚于上述诸点的最大障碍还在于这一点，就是人们对那些事感到绝望并认为不可能。聪明的和严肃的人们在这些事情方面往往是全无信心，他们总是想到自然之难知，生命之短促，感官之富于欺骗性，判断之软弱无力，实验之难于进行，以及类此等等，从而就认为在世界悠悠运转的时间和年代当中，科学自有其来潮和退潮，一时生长和繁荣，一时又枯萎和衰落，而在达到某一点和某一情况时就不能再前进一步。因此，假如有人所信或所许有过于此，他们就认为这是出于无羁勒的和未成熟的心灵，并且认为这类尝试总是开始时顺利，走下去困难，而终于隐于混乱。

《新工具》72 页

人类理解力是不安静的；它总不能停止或罢休，而老要推向前去，但却又是徒劳。正由于这样，所以我们总是不能想世界有什么末端或界限，而永远似不得已地想着总还有点什么在外边。

《新工具》24 页

9 目标、道路、效率

大凡走路，如果目标本身没有摆正，要想取一条正确的途径是不可能的。科学的、真正的、合法的目标，说来不外是这样：把新的发现和新的力量惠赠给人类生活。但对于这一点，绝大多数人却没有感到，他们只是雇佣化的和论道式的；只偶然有智慧狡敏又贪图荣誉的工匠投身于新发明，而他这样做时多半是以自己的财产为牺牲。一般说来，人们绝无以扩增方术和科学的总量为己任之意，所以即在手边已有的总量当中，他们所取和所求的也不外那对他们的演讲有用，能使他们得利、得名或取得类似便宜的一点东西。即使在大群之中居然有人以诚实的爱情为科学而追求科学，他的对象也还是宁在五花八门的思辨和学说而不在对真理的严肃而严格的搜求。又即使偶然有人确以诚意来追求真理，他所自任的却又不外是那种替早经发现的事物安排原因以使人心和理解力得到满足的真理。这样说来，既然科学的目的还没有摆对，那么人们在办法上发生错误就不足为奇了。

《新工具》59 页

常言说得好，在正路上行走的跛子会越过那跑在错路上的快腿。不但如此，一个人在错路上跑时，愈是活跃，愈是迅捷，就迷失得愈远。

《新工具》33 页

正如人们已把科学的目的和目标摆错了，同样即令他们把目标摆对了，他们所选取的走向那里的道路又是完全错误而走不通的。谁要正确地把情况想一下，就会看到一件很可诧异的事：从来竟不曾有一个人认真地从事于借一种布置井然的实验程序径直从感官出发来替人类理解力开辟一条道路；而竟把一切不是委弃于传说的迷雾，就是委弃于争论的旋涡，再不然就是委弃于机会的波动以及模糊而杂乱的经验的迷宫。现在，让任何人沉静地和辛勤地考查一下人们在对事物进行查究和发现时所惯走的是什么道路，他必定会看出，首先是一个极其简单而质朴的发现方法，一个最通常的方法。它不外是这样：当人们从事于发现什么事物时，他首先要找出和看一看别人以前对这事物所曾发表过的一切说法，然后自己就开始沉思，以其智慧的激荡和活动来吁请，亦可说是招呼他自己的元精来给以神示。这种方法是完全没有基础的，是只建筑在一些意见上面而为意见所左右的。

《新工具》59 页

如果说金钱是商品的尺度，那么时间就是效率的尺度。因此一个缺乏效率者，必将付出高昂代价。

《随笔选》70 页

同样，在发现和培养科学方面，人们在这样漫长的岁月历程中，假如是已经走了正确的道路而还未能有所进展，那么，向前进展仍属可能之说无疑可算是大胆而轻率的。但如果是道路根本就走错了，而人们的劳力是花费在不当的对象上的，那么，这说明困难并非起于事物本身——那就不在我们的权力之内——而系出于人的理解力以及理解力的使用和应用——这却是大有补救和医治之余地的。

《新工具》74 页

最后还剩下单纯经验这一条道路。这种经验，如果是自行出现的，就叫作偶遇，如果是着意去寻求的，就叫作实验。但这种经验只不过是如常言所说的脱羁之帚，只不过是一种暗中摸索，一如处在黑暗中的人摸触其周围一切以冀碰得一条出路，而其实他不如等到天明，或点起一支蜡烛，然后再走，要好得多。真正的经验的方法则恰与此相反，它是首先点起蜡烛，然后以蜡烛为手段来照明道路，这就是说，它首先从适当地整列过和类编过的经验出发，而不是从随心硬凑的经验或者漫无定向的经验出发，由此抽获原理，然后再由业经确定的原理进至新的实验；这甚至像神谕在其所创造的总体上的动作一样，那可不是没有秩序的。

《新工具》60 页

敏捷而有效率地工作，就要善于安排工作的次序，分配时间和选择要点。只是要注意这种分配不可过于细密琐碎。善于选择要点就意味着节约时间，而不得要领地瞎忙却等于乱放空炮。

《随笔选》70 页

假如有人从作坊转入图书馆而惊异于所见书籍门类之浩繁，那么只须请他把它们的实质和内容仔细检查一下，他的惊异一定就会掉转方向。因为，他一经看到那些无尽的重复，一经看到人们老是在说着和做着前人所已经说过和已经做过的东西，他将不复赞叹书籍的多样性，反而惊异于那直到现在还盘踞并占有人心的一些题目是何等地贫乏。

《新工具》64 页

10 发明就在脚边

希望的另一论据可以由这一点抽得：有些已知的发明在其被发现前是很难进入任何人的头脑而为人所想到的；它们总是被认为不可能而遭搁置。因为人们凡在构想会出现什么时，总是把曾出现的东西摆在面前作样子；凡在预度新的东西时，总是出现被旧的东西所盘踞、所染过的想象。形成意见的这种方法是很谬误的，因为从自然这一泉源所发出的水流并不是永远束在旧的槽道里面来流的。

举例来说，在发明大炮以前，假如有人从它的效果上来描述这东西，说有一种新的发明能在远距离外撼动以致摧毁最坚固的碉楼和城垣；人们听了，必定首先就想到炮弩和其他机械；想用一切方法，想用能撞击能发射的重物、轮盘和类似的机器来加倍地想象它们的力量；至于说会有一股带火焰的疾风，猛然而暴烈地发出并爆炸起来，这个想法就很难进入任何人的想象或幻想；因为除地震和闪电外，人们从来不曾见过与这东西直接相仿的事物，而地震和闪电则是自然的伟作和神奇，为人所不能模拟，于是这个想法就径直被人们排拒掉了。

《新工具》84 页

这样看来，我们就有很多的根据来希望，在自然的胎宫中还贮有许多极其有用的秘密东西，与现在已知的任何东西都不贴近，也无可比拟，而完全处于人们想象的熟路之外，迄今尚未被发现出来。无疑，在此后若干年月的行进和运转当中，这些秘密迟早亦要同其他已经现出的东西一样自行显露出来；不过若是使用我们现在所论的方法，我们就能迅速地、痛快地、同时一齐地把它们引现出来和提前促成罢了。

《新工具》85 页

还有属于另一种类的发现尚待指出，它们证明着有许多高贵的发明可能就在我们脚边，而人们却踏过而无所见。

《新工具》85 页

我说，只是由于人们没有见到这些事情，就空过了这么久的悠悠岁月，而没有做出这一大有助于传播知识的最美妙的发明。

《新工具》86 页

在这一种发明的进程中，人心方面有着这样一种蹩扭情况和不顺当的根性：开始是不信赖它自己，随后又蔑视它自己；起初不相信任何这类事物能被发现，既经发现以后则又不能理解何以人世与它迷失如此长久。

《新工具》86 页

11　工具若光

他们虽然经常痛苦地抱怨着探讨之不易，事物之难知，有如不耐性的马匹用力咬其衔铁，可是他们仍毫不放松尾追他们的对象，竭力与自然相搏；他们认为（似乎是这样）事物究竟是否可解这个问题不是辩论所能解决的，只有靠试验才能解决。可是他们由于一味信赖自己理解的力量，也不曾应用什么规矩绳墨，而是把一切事物都诉诸艰苦的思维，诉诸心灵的不断动作和运用。

《新工具》1 页

在机械力的事物方面，如果人们赤手从事而不借助于工具的力量，同样，在智力的事物方面，如果人们一无凭借而仅靠赤裸裸的理解力去进行工作，那么，纵使他们联合起来尽其最大努力，他们所能力试和所能成就的东西恐怕总是很有限的。

《新工具》2 页

期望能够做出从来未曾做出过的事而不用从来未曾试用过的办法，这是不健全的空想，是自相矛盾的。

《新工具》9 页

既然人们把某种个别的发现尚且看得比那种泽及人类的德政还要重大，那么，若有一种发现能用为工具而便于发现其他一切事物，这又是何等更高的事啊！还要以光为喻来说明（完全说真的），光使我们能够行路，能够读书，能够钻研方术，能够相互辨认，其功用诚然是无限的，可是人们之见到光，这一点本身却比它的那一切功用都更为卓越和更为美好。同样，我们对事物进行思辨这件事本身也是比各种发明的一切果实都要更有价值，只要我们的思辨是如实的，没有迷信，没有欺骗，没有错误，也没有混乱。

《新工具》104 页

进一步说，即使嫉视消除了，只要人们在科学园地中的努力和劳动得不到报酬，那仍是大大阻碍科学的成长的。现在的情况是耕耘科学和酬报科学两事不落在同一人身上。科学的成长是出于伟大的才智之士，对科学的奖品和报酬则握在一般人民或大人物之手，而他们除极少数外是中等学问都没有的。并且这类的进步不止得不到奖品和实在的利益，就是连舆情赞扬都博不到。因为这种事情高于人们的一般水平，为他们所不能接受，而反要被舆论的狂风所压倒、所扑灭。这样说来，一个事物不被人尊崇就不会兴旺，这是没有什么奇怪的。

《新工具》71 页

　　但是如果另外有人不满足于停留在和仅仅使用那已经发现的知识，而渴欲进一步有所钻掘；渴欲不是在辩论中征服论敌而是在行动中征服自然；渴欲寻求不是那美妙的、或然的揣测而是准确的、可以论证的知识；那么，我就要邀请他们全体都作为知识的真正的儿子和我联合起来，使我们经过罪人所踏到的自然的外院，最后还能找到一条道路来进入它的内室。

《新工具》5 页

　　如果有人沮丧失望，就让他看看我是怎样的。在与我同时的一切人当中我是国务最忙的一个；我的健康亦不很好（因此也就白丢了许多时间）；在所说的这件事上我又完全是一个开荒者，既无他人的轨辙可循，也未得到任何人参加商讨；只是由于我坚决地走上真路，使我的心服从于事物，我想我尚且把这事多少也推进了一些。那么，就请人们再想一想，当道路业经这样指明之后，在人们富有闲暇，加以共同劳作，加以屡代相承等等条件下，我们的希望又当如何？希望当然是更大的，因为这条道路原非一个人在一个时代所能走完（如同在推理方面所有的那种情形），而是需要把许多人的劳动和努力在最大效果下先行分工，然后再行集合起来（关于搜集经验尤其应当这样）。不要很多人都做相同的事，而要每个人各管一件事：只有这时人们才会开始知道自己的力量。

《新工具》87 页

12 人类知识和人类权力归于一

首先要说，引进著名的发现，这在人类一切活动中应该高居首位，这是历代前人所作的评判。历代对发明家都酬以神圣的尊荣；而对于功在国家的人们（如城国和帝国的创建者、立法者、拯救国家于长期祸患的人、铲除暴君者以及类此等人）则至高不过谥以英雄的尊号。人们如正确地把二者加以比较，无疑会看出古人的这个评判是公正的。因为发现之利可被及整个人类，而民事之功则仅及于个别地方；后者持续不过几代，而前者则永垂千秋；此外，国政方面的改革罕能不经暴力与混乱而告实现，而发现则本身便带有福祉，其嘉惠人类也不会对任何人引起伤害与痛苦。

《新工具》102 页

我们还该注意到发现的力量、效能和后果。这几点是再明显不过地表现在古人所不知、较近才发现而起源却还暧昧不彰的三种发明上，那就是印刷、火药和磁石。这三种发明已经在世界范围内把事物的全部面貌和情况都改变了：第一种是在学术方面，第二种是在战事方面，第三种是在航行方面；并由此又引起难以数计的变化来，竟至任何帝国、任何教派、任何星辰对人类事物的力量和影响都仿佛无过于这些机械性的发现了。

《新工具》103 页

若有人以方术和科学会被滥用到邪恶、奢侈等等的目的为理由来加以反对，请人们也不要为这种说法所动。因为若是那样说，则对人世一切美德如智慧、勇气、力量、美丽、财富、光本身以及其他等也莫不可以同样加以反对了。我们只管让人类恢复那种由神所遗赠、为其所固有的对于自然的权利，并赋以一种权力。

《新工具》104 页

人类知识和人类权力归于一；因为凡不知原因时即不能产生结果。要支配自然就必须服从自然；而凡在思辨中为原因者，在动作中则为法则。

《新工具》8 页

这样做来，我最后就可以（像一个忠实诚笃的监守者）把人们的产业交付他们，这时他们的理解力已经解放并且好比说已经成年了；由此而来的后果便只能是人类地位的改善和人类对于自然的权力的扩大。人类在一堕落时就同时失去他们的天真状态和对于自然万物的统治权。但是这两宗损失就是在此生中也是能够得到某种部分的补救的：前者要靠宗教和信仰，后者则靠技术和科学。须知自然万物并未经那被诅咒者做成一个绝对的、永远的叛逆，它在"就着你脸上的汗来吃你的面包"这样一个条宪的作用之下，现在终于被各种各样的劳动（当然不是被一些空口争论或一些无聊的幻术仪式，而是被各种各样的劳动）在一定程度上征服到来供给人类以面包，那就是说，被征服到来对人类生活效用了。

《新工具》291 页

六、信　仰　篇

1　信仰：人与兽

世上又有一种毫无原则的人，他们认为具有一种信仰就等于套上一种枷锁，会使思想和行为无法绝对自由。

《随笔选》8 页

在肉体方面，人类与野兽无异。如果在精神上再不追求神圣，那么人与禽兽就毫无区别了。所以，无神论无益于人性的净化和升华。

《人生论》88 页

就以狗来说，由于在它的眼中主人就是它的上帝，所以当需要时，它可以奋不顾身地为主人尽忠以至献身。人也是如此。当人胸中具有一种神圣的理想和信仰，那么就可以激发出无限的意志和力量。这种意志和力量假如不依托一种信仰，就不可能产生。

《人生论》88 页

笔者宁信《圣徒传记》、《塔木德经》和《古兰经》中所有的虚构故事，也不信宇宙之既定秩序中没有神灵。只因上帝创造的自然万物已证明无神论之悖谬，故他无须创造奇迹来使无神论者悔悟。

《培根散文》49 页

毋庸置疑，对哲学的一知半解会使人倾向于无神论，但对哲学的深入研究则会使人心皈依宗教。因为当人之心智专注于零散的第二动因之时，有时不免会以之为源而不再穷根；但当人注意到所有第二动因都相互关联并环环相扣之时，其心就必然会飞向天道和造物主了。

《培根散文》49 页

不啻如此，连那个最被世人斥为无神论派的哲学学派（即以留基伯、德谟克利特和伊壁鸠鲁为代表的原子说派）也几乎证明了有神存在，其原因如下：原子说派认为大量无限小的原子或不固定的粒子无须神的支配便可造就这大千世界的道与美，而亚里士多德学派则认为宇宙的道与美由四种可变元素和一种不可变的第五元素恰如其分并周而复始地配制而成，其中无须神力相助，两相比较，把后者作为无神论之说比前者可信千倍。

《培根散文》49—50 页

《圣经》有言：愚顽者心中说没有上帝；但《圣经》并不是说愚顽者心中想，所以与其说愚顽者心里那么说就可能那么想，倒不如说他完全有可能相信上帝，或者说有可能使其相信；因为除了那些可从无神论中捞取好处的人外，没人会否认世间有上帝。

《培根散文》50 页

以下事实最能说明无神论者之口是心非，无神论者总是不厌其烦地大谈其主张，仿佛他们因心里没底而乐意用他人的赞同来增强信心似的；更有甚者，世人可见无神论者也像各宗教教派一样拼命招收信徒；而最有意思的是，世人还可见某些无神论者宁愿备受折磨也不愿放弃其主张。

《培根散文》50 页

伊壁鸠鲁曾断言有神之存在，但认为神只顾自己逍遥快活而不问世事，此说被斥为他为其声望之故而散布的掩饰之词。于是人们说他圆滑世故，说其实他心中并不认为有神存在；但这无疑是对他的中伤，因为他的言辞既崇高又虔诚。他说：不信俗人所谓之神并非亵渎，亵渎在于把俗人之见加于神灵。恐怕连柏拉图也难说出比这更精辟的话语；而且尽管伊壁鸠鲁有胆量否认神对世事的支配，但他却没有能力否认神之本质。

《培根散文》50 页

西印度群岛的蛮族虽不知上帝之圣名，但他们却为自己崇拜的神取有各种名称；似乎古代欧洲的异邦人也只有朱庇特、阿波罗和玛尔斯之类的称谓，而没有天神这个字眼；这说明那些尚未开化的民族也早就有神的概念，只不过他们的概念不甚清晰。因此在反无神论这一点上，甚至连野蛮人也站在缜密的哲学家一边。

《培根散文》50 页

好沉思的无神论者并不多见，一个迪亚哥拉斯，一个彼翁，或许还有个卢奇安和其他一些人，但他们似乎显得人多势众，其原因是所有对公认的宗教或迷信表示怀疑的人都被其反对派贴上了无神论的标签。不过十足的无神论者的确都是些伪君子，他们总在谈论圣事圣物，但却没有丝毫感觉，所以他们到头来必然会变得麻木不仁。

《培根散文》50—51 页

人世间再没有比罗马更高贵的国家，而关于这个国家，且听西塞罗所言："诸位元老，我们尽可以为自己感到骄傲，虽说我们论人数不如西班牙人，论体力不如高卢人，论灵巧不如迦太基人，论计谋不如希腊人，甚至论对这片土地和这个国家的眷恋之心，我们也不如土生土长的意大利人和拉丁人；但若是论虔诚和宗教信仰，论把不朽的诸神视为万物之主宰这一智慧，我们却胜过了所有的国家和所有的民族。"

《培根散文》52 页

世人须知，对神的侮辱越甚，对人的危险就越大。无神论会给人留下理智、哲学和法律，留下骨肉亲情和名誉之心。

《培根散文》53 页

2　宗教与迷信

有利于无神论产生的因素有如下几种：一是宗教内部的派别纷争。二是教会内部的腐败。关于这一点，圣波纳说过："现在已不能说教士应当像普通人一样，因为现在普通人都比教士强。"第三是亵渎和嘲弄神圣事物的风气。第四是由于天下太平安定，文化发达，就使人感到不需要再依赖神。假如人类陷于苦海的话，他们就会感到非常需要得到神的帮助了。

《人生论》87 页

对于神，与其陷入一种错误的信仰，倒不如不抱有任何信仰。因为后者只是对神的无知，而前者却是对神的亵渎。

《随笔选》117 页

迷信实质上是亵渎神的。普鲁塔克说得好："我宁愿人们说世上根本没有普鲁塔克这么一个人，却不愿人们说曾经有过一个普鲁塔克，他靠吃他子女们的血肉为生。"

《随笔选》117 页

还有一个不应忘记的情况，就是自然哲学在各个时代中都曾有一个麻烦而难对付的敌人，那就是迷信和对于宗教的盲目而过度的热情。在希腊人中间，我们看到，那首先向当时尚未开窍的听众陈说雷电风雨的自然原因的人们算是犯了不敬神明的大罪的。就是以后到了基督教时代，当有人以最能令人信服的根据（即没有一个人现在会想到反对的那种根据）来主张大地为圆形并从而断言对蹠人的存在时，那基督教会的神父们也不曾表现较多的宽容。

《新工具》68 页

如果世上没有宗教，也足以引导人类趋向于完善。

《随笔选》118 页

但是迷信却相反，它否定这一切，而在人类心灵中建立起一种无理性的专制暴政。

《随笔选》118 页

从历史上看，扰乱国家的并不是无神论。因为无神论使人类谨慎，因为人类除了关心自身的福祉便没有其他的顾虑。试看历史上那些倾向于无神论的时代（如奥古斯都大帝的时代）往往是太平的时代。

《随笔选》118 页

但是迷信却曾经破坏了许多国家。迷信把人类托付于来自九霄云外神秘者的统治，而这种莫名其妙的统治却足以否定掉人间正常的法制。

《随笔选》118 页

迷信总是群众性的，而在迷信盛行的时代，即使智者也不得不服从于愚人。

《随笔选》118 页

迷信以及神学之糅入哲学，这对哲学的败坏作用则更广泛，而且有着最大的危害，不论对于整个体系或者对于体系的各个部分都是一样。因为人类理解力之易为想象的势力所侵袭正不亚于其易为普通概念的势力所侵袭。那类好争的、诡辩的哲学是用陷阱来束缚理解力，而这类哲学，由于它是幻想的、浮夸的和半诗意的，则是多以谄媚来把理解力引入迷途。

《新工具》38 页

从这种不健康的人神糅合中，不仅会产生荒诞的哲学，而且还要产生邪门的宗教。

《新工具》39 页

其实，一切迷信，不论占星、圆梦、预兆或者神签以及其他，等等，亦都同出于一辙；由于人们快意于那种虚想，于是就只记取那些相合的事件，其不合者，纵然遇到得多得多，也不予注意而忽略过去。至于在哲学和科学当中，这种祸患则潜入得远更诡巧，在那里，最先的结论总是要把一切后来的东西，纵使是好得多和健全得多的东西，染过一番而使它们与它自己符合一致。

《新工具》23 页

大凡人对于他所愿其为真的东西，就比较容易去相信它。因此，他排拒困难的事物，由于不耐心于研究；他排拒清明的事物，因为它们对希望有所局限；他排拒自然中较深的事物，由于迷信；他排拒经验的光亮，由于自大和骄傲，唯恐自己的心灵看来似为琐屑无常的事物所占据；他排拒未为一般所相信的事物，由于要顺从流俗的意见。总之，情绪是有着无数的而且有时觉察不到的途径来沾染理解力的。

《新工具》25 页

愚妄的迷信是极为残酷而丑恶的。

《随笔选》119 页

宗教信仰是人类社会重要的支柱之一。如果宗教信仰是平和的，那么这个社会将是幸福的。

《人生论》32 页

信仰的一致会给教徒带来和平。而和平就是幸福，和平树立信仰，和平培养博爱。

《人生论》33 页

信仰的一致，还有两种虚假的情况。

一种是以盲从的愚昧为基础，正如在黑暗之中，所有的猫看起来都是灰色的。

另一种是全盘吸收本质上互相矛盾的一切观念和理论。结果将真理与谬误搅在一起，就像听任铜像的盔甲上沾满污泥一样。

《人生论》35 页

真正的信仰一致，应当有利于巩固人类之间的博爱和社会的组织。

《人生论》35 页

因此，对于一切以宗教和信仰名义进行煽动的暴力行为，以及一切为这种行为辩护的邪说，君王们应当用他们的法律和剑，学者们应当以他们的笔——犹如天使挥动夺魂的金杖，最无情地将其投界豺虎，投诸地狱！

《人生论》 37 页

在经院派学说占上风的特兰托宗教会议上，一些主教们曾严肃地指出，经院派学者就像某些天文学家，后者曾想象出偏心圆、本轮和诸如此类的轨道模具，用以解释行星运动现象，然而他们知道他们的想象纯属子虚乌有；而经院派学者也以同样的方式杜撰出无数玄妙难懂的准则和原理，用以解释教会的行为。

《培根散文》53—54 页

导致迷信的原因有：悦人耳目刺激感官的宗教仪式、华而不实拘泥形式的假装虔诚、对只能加重教会负担的传统之过于尊重、高层教士为个人野心和金钱而玩弄的诡计、对迎合别出心裁和标新立异的良好动机之过分偏爱、由只会引起胡思乱想的人主持圣事，以及各个缺乏文化教养的时期，尤其是那些兼有天灾人祸的时期。

《培根散文》54 页

迷信一旦被揭去面纱便丑陋无比。犹如猿之像人使其更显丑陋，迷信欲乔装成宗教也使之更显畸形；又如有益于健康的鲜肉腐烂后孳生出小小蛆虫，得体的教规教礼腐败后也会变成繁文缛节。

《培根散文》54 页

但若是人们以为离先前的迷信越远越好，那又会出现一种为避免迷信而产生的迷信。所以就像用药物催泻得小心一样，纠正迷信也得当勿矫枉过正，不过若让平民来主持改良，那他们十有八九会干出这种蠢事。

《培根散文》54 页

　　笔者欲在此谈论的不是神灵的启示，不是异教徒的谶语，亦不是大自然的预兆，而只是某些在世人的记忆中已应验但却不明来由的预言。我以为对此类预言应一笑置之，只应将其作为冬日里围炉聚谈的话题；但我说一笑置之是就信与不信而言，而非就其他方面而论，譬如对这类预言之散布和流传就不可置之不理，而且笔者亦见多国法律对其严加禁止。

《培根散文》115，118 页

　　预言被人接受并相信有三个原因。其一是世人只注意其应验而不注意其落空，人们对梦兆之注意亦是如此。其二是有充分根据的推测或意义含混的传说到头来往往都会被变成预言，因为人爱预测未来的天性使他们认为把自己的推测作为预言公布并无什么妨害，如前文所引塞内加的诗行就是一例；因当时已有许多理论可以证明，在大西洋以外地球还有广大区域，而那些区域很可能并非一片汪洋；另外柏拉图在其对话《蒂默亚篇》和《克利托篇》中对大西岛之描述，也足以鼓励世人将上述推测变成一种预言。最后是第三个（亦是最重要的一个）原因，即那些数不胜数的预言差不多全是冒牌货，它们不过是由一些无聊的机灵鬼在事情发生之后精心编造的谎言。

《培根散文》118—119 页

3　宗教之统一

　　对异教徒而言，关于宗教的争论和分歧乃闻所未闻之恶行。其原因是异教徒的宗教更在于仪式典礼，而非在于某种永恒不变的信仰。因为他们的神学宗师都是些诗人，所以不难想象他们崇奉的是何等宗教。但那位真正的上帝自有其特性，即他是一个"好嫉妒的上帝"；因此对他的崇拜和信仰既容不得龙蛇混杂亦容不得分一杯羹。

《培根散文》7页

（除取悦上帝这首要的一点之外，）统一的好处尚有两点：一是就教门外的俗人而论，一是对教门内的会众而言。对于前者，教门内的异端邪说和宗派分裂无疑比任何丑行都更为丑恶，甚至比仪典不纯还更有辱宗教；盖如在正常人体内，关节之受创或脱臼比血脉违和更糟，教会的宗教事务亦复如此。故而统一之破裂最能阻俗人并驱会众于教门之外。所以当听见有人说"看啊，基督在野外"，而有人则说"看啊，基督在屋内"，即每逢有人在异端集会处寻找基督，而有人则在教堂外面寻找耶稣的时候，那个声音须不断响在世人耳旁，"勿要出去"。那位（其特殊使命使他对未皈依基督者特别在意的）异邦人的导师曾说："若有外乡人进来，闻尔等言杂语异，人家岂不说尔等癫狂耶？"而要是那些无神论者和世俗之徒闻知教会里有这么多冲突矛盾，其结果肯定也不会更佳，那无疑会使他们远避教门而"坐上嘲讽者的席位"。这不过是从如此严重的问题中引证一区区小事，但它也充分暴露了异端之丑陋。

《培根散文》7—8页

有位讽刺大师在其虚构的一份书目中列出了《异端教徒的舞蹈》这个书名；因每个异端教派都自有其独特的舞姿或媚态，而这些姿态只会引起世俗之徒和腐败政客的嘲笑，那类人天生就爱鄙视宗教事务。

《培根散文》8页

说到统一的限界，这种限界之真正确定至关重要。眼下似乎有两个极端。在某些狂热派眼中，一切和平言谈都可厌可憎。"和平与否，耶户？——和平与你何干？站到我身后去罢。"狂热派所关心的不是和平，而是拉帮结派。与之相反，某些老底嘉派信徒和态度冷漠者则以为他们可以不偏不倚，可以巧妙地用中庸之法来调和教派纷争，仿佛他们可以在上帝与世人之间做出公断似的。

《培根散文》8 页

这两个极端都必须避免，而若能用以下两句说法相反的箴言来正确而清晰地解释救世主亲自订下的基督教盟约，上述两个极端就可以避免。这两句箴言分别是"不与我们为伍者即我们的反对者"和"不反对我们者即与我们为伍者"，这就是说，要辨别区分何为信仰中有关宏旨的实质问题，何为不纯然属于信仰而仅仅属于见解、礼仪或概念分歧的枝节问题。这事在许多人看来也许微不足道并且已经解决，但倘若此事之解决少些私心偏见，那它就会受到更普遍的欢迎。

《培根散文》8—9 页

世人得当心勿以两种争论分裂上帝的教会。一种是争论之要点无足轻重，不值得唇枪舌剑，大动肝火。因为正如一位先哲所说："基督的衣袍的确无缝，但教会的衣袍却五颜六色。"他随即又讲："就让这衣袍多色吧，但不要将其撕裂。"由此可见，统一和划一是两个概念。另一种争论是所争之要点事关重大，但争到头来却趋于过分玄妙，以致争论变得技巧有余而内容不足。

《培根散文》9 页

基督徒有两柄利剑，即精神之剑和世俗之剑，在维护宗教信仰的事业中，二者各有其相应的功能和职权。但我们不可拿起第三柄利剑，那就是穆罕默德之剑或与之相似之类。换言之，即不可凭金戈铁马传播宗教，或凭血腥迫害强迫人心，除非目睹有人公然诽谤教会，亵渎上帝，或把宗教活动混于反对国家的阴谋；我们更不可鼓励煽动性言论，姑息阴谋和叛乱，把利剑授予各类想颠覆顺应天意之政府的民众；

因这样做无异于用第一块法版去砸第二块法版，从而以为世人皆基督教徒，好像我们已忘了他们是人。

《培根散文》10 页

在看到剧中阿伽门农忍心用亲生女儿献祭那一幕时，诗人卢克莱修曾惊叹：

"宗教居然能诱人如此行恶！"

若这位诗人能知晓法兰西那场大屠杀或英格兰的火药阴谋，那他又当作何语？恐怕他会变得更加安于享乐，更加不敬神明。唯其缘宗教之故拔世俗之剑须慎之又慎，所以将此剑授予平民之手乃荒唐之举；这等荒唐事就留给再洗礼派和其他狂热派去做吧。

《培根散文》10—11 页

当撒旦说"我要上升至云端，与全能的至尊媲美"，那是对上帝十足的亵渎；但若把上帝人格化，让他说"我要下降到地狱，与那黑暗之王颉颃"，这就是更名副其实的亵渎了。

《培根散文》11 页

在有关宗教信仰的劝谕中，当首先铭记者无疑就是圣徒雅各的那句箴言：世人的愤怒并不能实现上帝的正义。还有位先哲的坦诚之言也值得注意，他说：凡怀有并劝人相信良心压力者，通常都出于个人动机才对那种压力感兴趣。

《培根散文》11 页

七、命 运 篇

1 "人是自身幸福的设计师"

一方面，幸运与偶然性有关——例如长相漂亮、机缘凑巧；但另一方面，人之能否幸运又决定于自身。正如古代诗人所说："人是自身幸福的设计师。"

《随笔选》48 页

幸运的机会好像银河，他们作为个体是不显眼的，但作为整体却光辉灿烂。同样，一个人若具备许多细小的优良素质，最终都可能成为带来幸运的机会。

《随笔选》49 页

炫耀于外表的才干徒然令人赞羡，而深藏未露的才干则能带来幸运。

《随笔选》49 页

这需要一种难以言传的自制力。西班牙人把这叫作"潜能"。一个人具有优良的素质，能在必要时发挥这种素质从而推动幸运的车轮转动，这就叫"潜能"。

《随笔选》49 页

马基亚弗里谴责那种认为"金钱是战争的支柱"的观念，他说，战争的支柱是人类的武器，即勇敢的、多人口的和军事化的国家。他恰如其分地证明了索伦在这方面的权威。当克莱苏斯向索伦显示他的金银财宝时，索伦说，如果有人带着好铁来，那么他将成为金子的主人。同样，我们也可以确定，命运的支柱不是金钱，而是人的思想、智慧、勇气、冒险、决心、脾性、勤奋等诸如此类的钢刃。

The Advancemeot of Learning，P200.

意外的幸运会使人冒失、狂妄，然而经过磨炼的幸运却使人成为伟器。

《随笔选》49 页

幸运是令人尊敬的，至少这是为了他的两个女儿——一位叫自信，一位叫名誉。他们都是幸运所产生的。前者产生于人自身的心中，后者产生于他人的心中。

《随笔选》49 页

声望具有傲慢的涨潮和暗流，如果不及时将它们抓住，它们就很难再回头了——声名一去不复返。

The Advancemeot of Learning，P201.

然而迷信愚妄的人是不会幸运的。他们把思考权交付给他人，就不会走自己的路了。

《随笔选》49 页

在追逐命运时进行合理的安排，会有用处的。做这件事的次序我认为如下：首先，要完善自己的思想。因为先清除思想中的痼疾，然后再打通通向命运的道路要比获得命运后再清除思想的痼疾来得快。

The Advancemeot of Learning，P200.

从历史上可以看到，凡把成功完全归于自己的人，常常得到不幸的结局。

《随笔选》50 页

古代的智者，为避免招人嫉恨，很少对自己的幸运进行夸耀，他们将一切归功于"神"。

《随笔选》50 页

该倒霉的时候，即使笑容也会得罪人。

Elegant Sentences，Essays，P416.

我们要考虑，什么是我们能够控制的，什么是我们不能控制的。因为有的东西你可以改变它，但有的你却只能运用它。农夫控制不了土质，也控制不了一年四季的变化；医生控制不了病人的体格，也控制不了意外的疾病。所以在培育和医治思想时，有两样东西超出我们的控制范围：一是自然，二是命运。因为我们的活动要受自然的限制和束缚，也受命运的限制和束缚。那么在这种情况下，留给我们的只有运用，"一切命运都可以通过忍受来克服"，同样，"一切自然都可以通过忍受来克服"。但我们的忍受不是呆笨的和消极的忍受，而是聪明的和灵巧的忍受，那就是，在无用的和不利的条件中寻找一切有用的和有利的条件——这就是我们所说的适应或运用。

The Advancemeot of Learning，P168.

最经常出现的上述外因乃某人所干的蠢事，因为它每每造成另一个人走运；须知最快捷的成功就是靠他人出错而取得的成功，蛇必须吞食其他蛇才能变成巨龙。

《培根散文》131 页

正因为如此，李维在形容加图时虽然先说："此人体魄如此健壮，心智如此健全，因此他无论生在何等家庭都能使自己交上好运。"但他最后还是发现此人有一种"灵性"。所以一个人只要睁大眼睛留神张望，他就会看见命运女神；须知这位女神虽蒙着双眼，但她并非无形无踪。

《培根散文》131 页

而毋庸置疑，最经常使人走运的习性只有两种：一是会几分装疯卖傻，二是少几分朴质真诚。所以极端的忠君爱国者从来都不走运，而且永远也不会走运，因为当一个人毫不考虑自我的时候，他当然不会只顾走自己的路。

《培根散文》132 页

恺撒在暴风雨中对舵工说："你的船不仅载着恺撒，还载着恺撒的运气。"所以苏拉替自己选称号为"幸运的苏拉"，而不是"伟大的苏拉"。

《培根散文》132 页

不可否认，有些人的运气就像荷马的诗行，而众所周知荷马的诗比其他人的都更顺畅；普鲁塔克在把提摩列昂的运气与阿偈西劳和伊巴密浓达的运气作比较的时候，就曾用过这个比方；人与人运气不同乃天经地义，但运气主要取决一个人本身也确凿无疑。

《培根散文》133 页

2 奇迹在对厄运的征服中产生

"好的运气令人羡慕，而战胜厄运则令人钦佩。"这是塞涅卡得之于斯多葛派哲学的名言。

《随笔选》52 页

超越自然的奇迹，总是在对厄运的征服中出现的。

《随笔选》52 页

幸运所需要的美德是节制，而厄运所需要的美德是坚忍，后者比前者更为难能。

《随笔选》53 页

一切幸运都并非没有烦恼，而一切厄运也决非没有希望。最美的刺绣，是以明丽的花朵映衬于暗淡的背景，而绝不是以暗淡的花朵映衬于明丽的背景。

《随笔选》53 页

人的美德犹如名贵的香料，在烈火焚烧中散发出最浓郁的芳香。

正如恶劣的品质可以在幸运中暴露一样，最美好的品质也正是在厄运中被显示的。

《随笔选》53 页

无形的命运使人幸福而快活。

Elegant Sentences，Essays，P416.

塞内加还有句更高明的至理名言（此言出自一名异教徒之口实在是高明），曰：同时具有人之脆弱和神之超凡，那才算是真正的伟大。这话要是写成诗或许更妙，唯其诗中可允许更多的神之超凡，而且诗人们也的确始终忙于对其进行描写；因为这种超凡实则古代诗人在那部奇妙的传奇中所想象的东西，古人的想象似乎并不乏深邃，而且与当今基督徒的情况颇有几分相似，如当赫拉克勒斯去解救（象征人性的）普罗米修斯之时，他曾凭借一个陶瓷渡过大海，而这不啻是对基督徒坚韧不拔的精神之生动描绘，因基督徒是驾脆弱的血肉之舟去横渡尘世之汪洋。

《培根散文》14 页

幸运乃《旧约》所言之神恩，厄运则是《新约》所言之福分，后者带来上帝更浩荡的恩泽并传递上帝更昭然的启示。但甚至在你聆听《旧约》中大卫王那柄竖琴的时候，你也会听到与欢歌一样多的哀乐；而且那支圣灵之笔对约伯之苦难比对所罗门之幸福有更多的描述。

《培根散文》14—15 页

3　千眼神与千手神

幸运之机好比市场，只要错过机会，价格就将变化。

《随笔选》46 页

所以古谚说得好，机会老人先给你送上它的头发，当你抓不住而再抓时，就只能摸到它的秃头了。或者说它先给你一个可以抓的瓶颈，你不及时抓住，再得到的就是抓不住的圆瓶身了。

《随笔选》46 页

善于在做一件事的开端识别时机，这是一种极难得的智慧。

《随笔选》46 页

须知不尝试的损失与不成功的损失二者是无比较可言的；不尝试是根本抛弃了取得巨大利益的机会，不成功则不过损失了人们的小小一点劳力。

《新工具》88 页

因此，当危险逼近时，善于抓住时机迎头痛击它要比犹豫躲闪更有利。因为犹豫的结果恰恰是错过了克服它的机会。

《随笔选》47 页

总而言之，善于识别与把握时机是极为重要的。在一切大事业上，人在开始做事前要像千眼神那样察视时机，而在进行时要像千手神那样抓住时机。

《随笔选》47 页

所罗门曾说："看风者无法播种，看云者不得收获。"只有愚者才等待机会，而智者则造就机会。

《随笔选》42 页

既然当人们还并非着意寻求有用的发现而是另忙于其他事物的时候，仅仅出于偶然和机遇，尚且有许多有用的发现做了出来，那么，如果人们投身于追求它们并以此为专业，又是本着方法和依着秩序而不是凭着间歇性的冲动去做，当然无人能怀疑他们是会做出远远更多的发现的。

《新工具》83 页

欲行事者须知，看上去不足惧的危险往往并非不足为惧，令人虚惊一场的危险则历来都多于逼迫人的危险；不仅如此，对某些危险最好是不等其逼近就迎头出击，而不能过久地对其逼临进行监视，因若监视时间太长，监视者很有可能会放松警惕。反之，被晕光幻影所迷惑而出击过早（在弯月低挂、敌影拖长时有过这种情况），或是因打草惊蛇而导致"引蛇出洞"，则属于另一个极端。如上所言，时机成熟与否得时时悉心掂量。而一般说来，每行大事须派百眼巨人阿耳戈斯当先，再派百臂巨人布里阿柔斯随后，即首先明察秋毫，然后则雷厉风行；因为对明智者而言，普路同那顶隐身帽便是议事之隐秘和行事之神速。

《培根散文》68 页

事情一旦付诸实施，保密之最佳手段就是迅雷不及掩耳；犹如出膛的子弹，其追风逐日之速目力所不及也。

《培根散文》69 页

4 守旧是致乱之源

在人类心灵中，恶似乎有一种自然的动力，它在发展中增强。而善似乎缺乏一种动力，总是在开始时最强。革新正是驱除"恶"的药物。有病而不服药就意味着不断患新病，因为事物终归是要随着时间而发展的。因此，如果时间已使事物腐败，而人又无智慧使之改革，那么其结局将只有毁灭。

《随笔选》100 页

"同样的风气已不适合于他，而他还依然故我。" "当时势已转变时，他还停留在原处。" ——没有比这更阻碍命运的进展了。因此，李维称加图为命运的缔造者，说他具有"各种天赋"。自然，这些庄重的才智天赋容集在他身上，比幸运更应受到重视。而有些人的天性如此堕落和封闭，以至于不容易转变了。

The Advancemeot of Learning，P197.

然而，历史是川流不息的。若不能因时变事，而顽固恪守旧俗，这本身就是致乱之源。

《随笔选》101 页

有些人认为——这几乎是一种天性——他们很难使自己相信他们应该改变方向，因为他们从原来的经历中尝到了甜头。马基亚弗里敏锐地注意到，当战争的形势已经改变，需要穷追敌人时，而费比乌斯·马克西姆斯依然固守阵地。

The Advancemeot of Learning，P197.

有些人缺乏审时度势的判断能力，不能识别什么时候事情结束，总是落在时势的后面。德摩斯梯尼把雅典人比作在击剑学校学习剑术的乡巴佬，直到被击中一剑，才改变原来的姿势。

The Advancemeot of Learning，P197.

既成的习惯，即使并不优良，也会因习惯而使人适应。而新事物，即使更优良，也会因不习惯而受到非议。对于旧习俗，新事物好像一位陌生的不速之客，它引起惊异，却不受欢迎。

《随笔选》101 页

所以实行改革要十分谨慎。每一次改革都必须是确有必要而并非为了标新立异。从事改革不可轻率从事。

《随笔选》101 页

没有比使我们思想的车轮与命运的车轮同步运转更精明的了。

The Advancemen of Learning，P198.

另一个方法是"顺应命运和神"。这要求人们不仅要随时势而转变方向，还要同时势同步奔跑，不要让信心和力量绷得过了头或紧张到极点，而是选择可行的措施：这可以保护人们免受挫折，避免在一件事情上花费过多的功夫，这将使工作轻重适中，让人感到愉快，从而在他们的事业中永远展示幸运，从而获得至高无上的荣誉。

The Advancemeot of Learning，P198.

犹如动物初生时都其貌不扬，新生事物刚出现时亦模样丑陋，因为新事物乃时间孕育的产儿。但尽管如此，如同最初使家族获荣誉者通常比保持荣誉的后人更值得尊敬一样，最初开创之（有益）先例通常亦非凭模仿便能获得。

《培根散文》77 页

对旧时代过分崇尚者只会成为新时代的笑柄。

《培根散文》77 页

由此可见，世人之革新最好是循时间的榜样，时间之革故鼎新不可谓不大，但却进行得非常平缓，缓得几乎不为世人所察觉。如若不然，任何革新都会令人感到意外，而且对社会有所改良亦会有所损伤；受益者固然会视之为幸事并将其归功于时代，可受损者则会视之为犯罪并将其归咎于革新之人。

《培根散文》77 页

务须注意，革新应是可带来变化的改良，而非假装改良的喜新厌旧之变化。

《培根散文》77—78 页

最后还须注意，虽说不可拒绝新鲜事物仍须对其有所质疑，正如《圣经》所言：我们停于古道，然后环顾四野，找出那条笔直的坦途，于是顺路前行。

《培根散文》78 页

5 谁想长生不老，谁的生活就是不幸的

成人之怕死犹如儿童之怕入暗处；儿童的天然的恐惧因故事而增

加，成人对于死的恐惧亦复如此。

《培根论说文集》7 页

实则有多次死亡的经过比一肢之受刑其痛苦尚轻：因为人体最生死攸关的器官并不是最敏于感受的器官也。那位仅以人间哲学家及世人之一的资格说话的古人说得很好：与死亡俱来的一切，比死亡更骇人。呻吟与痉挛，变色的面目，朋友哭泣，墨绖及葬仪，诸如此类都显出死的可怕。

《培根论说文集》7 页

在召唤死亡以前死去是幸福的。

Elegant Sentences，Essays，P416.

复仇之心胜过死亡；爱恋之心蔑视之；荣誉之心希冀之；忧伤之心奔赴之；恐怖之心先期之。不特如此，我们在书中还读到奥陶大帝自杀之后哀怜之心（感情中之最柔者）使得许多人也死了，他们之死是为了对他们的君主的同情并且要做最忠的臣子的缘故。此外塞奈喀还加上了苛求和厌倦两事。他说："试想你做同样的事已有多久。不止勇者和贫困者想死，厌倦无聊者亦想死亡。"

《培根论说文集》8 页

谁想长生不老，谁的生活就是不幸的。

Elegant Sentences，Essays，P418.

死与生同其自然；也许对一个婴儿来说生与死是同样痛苦的。

《培根论说文集》9 页

在某种热烈的行为中死了的人有如在血液正热的时候受伤的人一样，当时是不觉得痛楚的；所以一个坚定的、一心向善的心智是能免于死的痛苦的。

《培根论说文集》9 页

但是，尤要者，请你相信，最甜美的歌就是在一个人已经达到了某种有价值的目的和希望后所唱的"如今请你让你的仆人离去"。

《培根论说文集》9 页

无可否认，对死亡凝神沉思，视其为罪孽之报应或天国之通途，实乃圣洁虔诚之举；而对死亡心生畏怯，视其为应向自然交纳的贡物，则属懦弱愚陋之态。

《培根散文》4 页

不过在虔诚的沉思中偶尔亦有虚妄和迷信混杂。在某些天主教修士的禁欲书中可读到这样的文字：人当自忖，思一指被压或被拶痛当如何，进而想死亡将使全身腐烂分解，此痛又当如何。

《培根散文》4 页

但应注意的是，人类的种种激情并非脆弱得不足以克服并压倒对死亡的恐惧；而既然人有这么多可战胜死亡的随从，那死亡就并非如此可怕的敌人。

《培根散文》4 页

即使一个人并不勇敢亦非不幸，可他仅为厌倦没完没了地做同一事情也会轻生。

《培根散文》5 页

同样值得注意的是，罗马帝国那些恺撒们面对死亡是如何面不改色，因为他们在生命的最后一瞬仍显得依然故我。奥古斯都弥留时还在赞美其皇后，"永别了，莉维亚，勿忘我俩婚后共度的时光"；提比略危笃之际仍掩饰其病情，如塔西佗所言："他体力已耗尽，但奸诈犹存"；韦斯帕芗大限临头时兀自坐在凳子上戏言："看来我正在变成神祇"；伽尔巴的临终遗言是："你们砍吧，倘若这有益于罗马人民"，一边喊一边引颈就戮；塞维鲁行将易箦时照旧发号施令："若还有什么我该做之事，速速取来。"此类视死如归之例，不一而足。

《培根散文》5 页

毫无疑问，斯多葛学派那些哲学家为死亡的开价太高，而由于他们对死亡筹备过甚，遂使其显得更为可怕。

《培根散文》5 页

尤维纳利斯说得较好，他认为生命之终结乃自然的一种恩惠。

《培根散文》5 页

死亡尚可开启名望之门并消除妒忌之心，因"生前遭人妒忌者死后会受人爱戴"。

《培根散文》6 页

八、篇 外 篇

1 美

美丽的脸庞是无声的赞扬。

Elegant Sentences，Essays，P416.

美德好比宝石，它在朴素背景的衬托下反而更华丽。同样，一个打扮并不华贵却端庄严肃而有美德的人是令人肃然起敬的。

《随笔选》1 页

美貌的人并不都有其他方面的才能。因为造物是吝啬的，他给了此就不再予彼。

《随笔选》1 页

许多容颜俊秀的人却一无作为，他们过于追求外形美而放弃了内在美。

《随笔选》1 页

仔细考究起来，形体之美要胜于颜色之美，而优雅之美又胜于形体之美。

《随笔选》2 页

有些老人显得很可爱，因为他们的作风优雅而美。拉丁谚语说过："晚秋的秋色是最美好的。"

《随笔选》2 页

而尽管有的年轻人具有美貌，却由于缺乏优美的修养而不配得到赞美。

《随笔选》2 页

美犹如盛夏的水果，是容易腐烂而难保持的。世上有许多美人，他们有过放荡的青春，却迎受着愧悔的晚年。因此，把美的形貌与美的德行结合起来吧。只有这样，美才会放射出真正的光辉。

《随笔选》2 页

美容术有两方面的内容：一种是公众美容的目的，另一种是女人的美容。因为保持身体清洁从来被认为是出于对上帝、社会和我们自己的尊重。但造作的装饰有害无益：它是美好的，但不能达到遮掩瑕疵的程度，又不能有实际用途，也无益于身心健康。

The Advancemeot of Learning，P116.

造房子为的是居住，而不是为了表面的装饰。所以建筑的首要原则是实用，其次才是美观。当然，二者能兼顾更好。但如果单纯为了追求美观，那么还是把建这种魔宫的权力留给诗人吧。因为诗人们建造这种魔宫是不需要花钱的。

《随笔选》84 页

全能的造物主是园艺的创始者。而庭院雅趣，也是人类最高尚的娱乐之一，是陶冶性情的最好方法。如果没有园林，即便有高墙深院，雕梁画栋，也只见人事的雕琢，而不见天然的情趣。

《人生论》194 页

文明的起点，开始于城堡的兴建。但高级的文明，必然伴随着优美的园林。

《人生论》194 页

优雅之态乃美之极致，非丹青妙笔所能绘之，亦非乍眼一看所能识之。

《培根散文》141 页

绝色者之形体比例定有异处。

《培根散文》141 页

世人难断阿佩利斯和丢勒谁更可笑，后者画人像总是按几何比例，前者则将诸多面孔的最美之处汇于一颜。笔者以为除画家本人之外，此等画像谁也不会喜欢。

《培根散文》141 页

虽说笔者认为画家可以画出比真颜更美的容貌，但他必须得靠神来之笔，而非凭借什么规则尺度，这就像音乐家谱写妙曲得靠灵感一般。

《培根散文》141 页

世人可见这样的面庞，若将其五官分而视之则一无是处，但全在一起却堪称花容玉颜。

《培根散文》，141—142 页

2 修辞学

然而，像对待其他科学一样，我们去翻动修辞学根基周围的土壤，就会发现修辞学的责任和职能是：便于意志更成功地将理性用于理解力。

The Advancemeot of Learning，P146.

因为我们看到，理性在实施中有三个干扰因素：诱人入圈套的对话或雄辩术，属于逻辑范畴；想象或印象，属于修辞学范畴；激情或情性，属于道德范畴。在同他人谈话中，人们要面对狡诈，要面对激动，要面对纠缠之手腕，所以在自己的言谈话语中，人们常常自相矛盾，常常受印象或意见的缠绕和诱惑，受感情的支配。

The Advancemeot of Learning，P146.

不过人的天性也并非生来如此不幸，以至于只有力量去打扰理性，而不能建立理性和推动理性。因为逻辑的目的是教会争论，确保理性，而不是去诱引理性入圈套；道德的目的是使感情服从理性而不是侵害理性；修辞学的目的是用想象力重新充实理性而不是压倒理性。

The Advancemeot of Learning，P146.

现在我们谈谈思想的表达，即修辞学或雄辩艺术。这是一门精彩的学问，人们对它也做过精彩的探索。因为虽然在实际价值上它不如智慧（像上帝对摩西说的："艾伦将是你的代言人，而你将是他的上帝。"）但对人类来说，它具有很大的威力。所以所罗门说："心中有智慧必称通达人，嘴中的甜言增加人的学问。"意思是：虽然渊博的学问能使人得到荣誉和赞赏，但雄辩的口才在实际生活中大有用处。

The Advancemeot of Learning，P146.

3　沉默是牧师的美德

欺人之术有三种。第一种就是沉默。沉默就使别人无法得到探悉秘密的机会。第二种是消极地掩饰。这就是说，只暴露事情中真实的某一部分，目的却是掩盖真相中更重要的那些部分。第三种是积极地掩饰，即故意设置假相，掩盖真相。

《随笔选》108 页

善于沉默者，常能获得别人的信任。这可以称作牧师的美德。因为沉默者肯定有机会听到最多的忏悔。没有谁会愿意对一个长舌人披露内心隐秘的。

《随笔选》108 页

人性使人愿意把话向一个他认为能保守秘密的人倾诉，以求减轻自己内心的负担。

《随笔选》109 页

正如真空能吸收空气一样，沉默者能吸来很多人深藏于内心的隐曲。

《随笔选》109 页

善于沉默是获得新知的手段。

《随笔选》109 页

赤裸裸的暴露总是令人害羞的（无论在肉体上或精神上）。

《随笔选》109 页

我们可以发现，那些饶舌者都是空虚可厌的人物。他们不但议论知道的事情，而且议论他们所不了解的事情。

《随笔选》109 页

而一个善于沉默的人，则显得有尊严。

《随笔选》109 页

至于第三点，即作伪或说谎，那么我认为，即令它可能在某些场合发挥某种作用，但总之，其罪恶是远远超过其益处的。经常作伪者决不是高明的人而是邪恶的人。

《随笔选》109 页

塔西佗曰："莉维亚兼有其夫的雄才大略和其子的讳莫如深，即她的才略智谋来自奥古斯都，掩人耳目的本事则来自提比略。"塔氏还记述道，穆奇阿努斯劝韦斯帕芗起兵反维特里乌斯时曾说："我们所要面对的即非奥古斯都那种明察秋毫的慧眼，亦非提比略那种藏而不露的谨慎。"此类智谋韬略和谨饬审慎的确是不同的习性和才能，应当加以辨别区分。

《培根散文》16 页

行为举止不肆意张扬，人便可平添几分尊严。至于那些爱高谈阔论的饶舌之徒，他们大凡都既好虚荣又好轻信，因凡爱谈己之所知者往往也会谈论其所不知。故此请记住这句话：守口如瓶既是策略又是品行。

《培根散文》17 页

人的面容最好别越俎代庖司舌头之职，盖面部表情泄心中秘密乃一可出卖其主人的致命弱点，它在极大程度上比语言更引人注意并更使人深信不疑。

《培根散文》17 页

4 语言上的"花"

"传舌人的言语，如同美食，深入人的心腹。"这里作了这样的区别：恭维和含沙射影看起来像是预先设计好的和做作的，不能给人造成深刻印象；但听起来是自然、无拘无束和单纯的话语，更能叫人信服。

The Advancemeot of Learning，P148.

虽然语言对大夫来说像水一样充满谄媚和轻浮之辞，但却不可轻视它，特别是当它带有感情和热烈情绪时。

The Advancemeot of Learning，P191.

语言善于使好的东西锦上添花，而不善于为恶的东西涂脂抹粉。

The Advancemeot of Learning，P147.

狡猾是一种邪恶的机智。但狡猾与机智虽然有所貌似，却又很不相同——不仅在诚实方面，而且在才智方面。

《随笔选》125 页

有一种狡术是，把真正要达到的目的掩盖在东拉西扯的闲谈中。例如有一名官员，当他想促使女王批准某项文件时，每一次都先谈一些其他的事务，以转移女王的注意力，结果女王往往忽视了去留意正要她签字的文件。

《随笔选》126 页

还有一种方法是在对方毫无思想准备的情势下，突然提出你的建议，让他来不及思考就仓促作出答复。

《随笔选》126 页

装作正想说出一句话却突然中止，仿佛制止自己去说似的。这正是刺激别人加倍地想知道你要说的东西的妙法。

《随笔选》126 页

如果你能使人感到一件事是他从你这里追问出来，而并非你乐意告诉他的，这件事往往更能使他相信。

《随笔选》127 页

还有的先生，他故意到可以碰见某个人的地方，而当那人出现时，他却故作惊惶地又假装想躲藏，仿佛正在做一件怕给那人知道的事情。这一切的目的恰恰是引起那人的疑心和发问，这样就可以把他难于直接吐口的东西告诉那人了。

《随笔选》127 页

有的人搜集了许多奇闻逸事。当他要向你暗示一种东西时，便讲给你听一个有趣的故事。这种方法既保护了自己，又有助于借人之口去传播他的话。

《随笔选》128 页

猛然提出一个突然的、大胆的、出其不意的问题，常能使被问者大吃一惊，从而坦露其心中的机密。这就像一个已经改名换姓的人，在没有想到的情况下突然被人呼叫真名，必然会出于本能地有所反应一样。

《随笔选》128 页

但是归根结底，狡猾并非人的真正聪明，而只是一些捣鬼取巧的小技术。虽可施之于一时，却终难欺骗于久远。以这些小术要得逞于世最终还是行不通的。所以所罗门说得好："聪明人修检自身，愚蠢者才欺惑于大众。"

《随笔选》129 页

有些人非常自负、固执或桀骜不驯。他们不听和谐之神阿波罗的指示，不去了解和观察事情的火候；不知道什么时候该语言尖锐，什么时候该心平气和，不知道什么时候该说话，什么时候该沉默，不去区分听者是明智的还是愚鲁的。因此，即使他自己是聪明的，他的建议或忠告也是好的和公正的，但如果他总是直言直语地说出来，那么他的苦心非但不会起作用，而且相反，它有时会加速被忠告者的毁灭。

Wisdom of the Ancients，Essays，P278.

有些人在谈话方式上，只图博得机敏的虚名，却并不关心对真理的讨论，仿佛语言形式比思想实质的价值还高。

《随笔选》57 页

真正精于谈话的艺术的人，其实是善于引导话题的人。同时又是那种善于使无意义的谈话转变方向者。这种人可算作社交谈话中的指挥师。

《随笔选》57 页

与人交谈时注意察言观色乃狡诈之一要点，正如耶稣会会士在其戒律中所规定的那样，因为许多聪明人心能保密但脸却无遮无掩。不过在察言观色时目光往往得假装谦恭，亦如耶稣会会士通常所做的那样。

《培根散文》70—71 页

如果你反对某人即将提出的某项提案，而你又觉得那人的论据之充分将足以使该提案有效通过，那你必须装出对该提案非常赞同，并在会上由自己将它提出，但当然要用一种能使之被否决的方式。

《培根散文》71 页

欲言难以启齿且令人不快之事时，最好让某位人微言轻者先去把事情捅破，然后你再装作是碰巧介入该事，以便当事人向你提问以证实前者的通报；当年纳尔奇苏斯就曾用此法向克劳狄报告梅萨丽娜和西利乌斯的婚事。

《培根散文》71 页

欲言某事又不想把自己牵扯于其中，狡诈者之一法是借用世人名义，你不妨说"人人都在议论……"，或说"四下里都在传闻……"

《培根散文》72 页

笔者曾认识一人，此君写信时总把最要紧的事作为附言写在信末，仿佛那事是被附带提及似的。

笔者还认识一个人，此公发言时总把他最想说的话留在最后，往往是海阔天空地说上一阵后再谈正题，而且谈的方式就像他在讲一件差点儿被忘掉的事情。

《培根散文》72 页

狡诈之又一要术是让某些话从自己口中道出，存心让他人拾此牙慧去调嘴学舌，从而占他的便宜。笔者认识两位伊丽莎白时代的旧同僚，他俩为国务大臣一职相争，但仍然保持交往，而且常就任职之事交换意见。其中一人说，在王权衰落的时代当大臣很伤脑筋，他可不想揽这种棘手的事情；另一位马上就捡过此话，并对其三朋四友说，他没理由要在这王权衰落的时代当一名大臣，最初说这话那人抓住时机，设法让此话传进了女王的耳朵，"王权衰落"四字令女王大为光火，从此她再也不听那另一个人的请求。

《培根散文》72 页

5　温和胜于雄辩

在有的人看来，如果说话不够刻薄，便不足以显示自己聪明，其实这种习性应该加以根绝。

《随笔选》58 页

而那些出口伤人者，恐怕常常低估了被伤害者的记忆力。

《随笔选》58 页

温和的语言其力量胜过雄辩。

《随笔选》59 页

我曾认识两位贵族，都是英格兰西部人，其中一位有嘲弄人的癖好，但却爱在家中设华宴款待宾客；而另一位则爱问去过他家的赴宴者："请说实话，难道席间没人被他讽刺挖苦？"客人们常常回答有诸如此类的事情发生，于是问话的一位常说："我早料到他会糟践那桌佳肴。"

《培根散文》107 页

就像世人在动物界所见，不善久奔者多敏于腾挪转身，一如猎犬和野兔之分别。

《培根散文》107 页

6 左右逢源

在谈话中善于发问者，必能多有受益。而所发问题如果又恰为被问询者的特长，将不仅能使听者获得教益，也能使被请教者感到愉快。

《随笔选》58 页

善于沉默也是谈话的一种艺术。因为如果你对某些了解的话题不动声色，那么下次遇到你所不懂得的话题，即使你保持沉默，人们也会认为你可能了解，只是有所矜持。

《随笔选》58 页

谈话的范围应当广泛，好像一片原野，每个人行走其中都能左右逢源。而不要成为一条单行道，只能容纳自己一个人。

《随笔选》59 页

不善答问者是笨拙的，但没有原则的诡辩却是轻浮的。讲话绕弯子太多会令人厌烦，但过于直截了当又会显得唐突。

《随笔选》59 页

作为客厅中的主人，应当使在座的每个人都分享发表意见的机会，以免有人产生被冷落之感。遇到有人独占谈局，主人应当设法将话题转移。

《随笔选》58 页

一切谈判的根本问题，无非是观察对手或利用对手。而人在下述情况下，会情不自禁地流露真情，即当他们感到对方是可信任之时，或激动之时，或放松戒心之时，或有所求之时。应当分析对手的心理，以便牵制之，或利用、劝导之，或威慑之，以达到目的。

《随笔选》61 页

在面对富有经验的老手时，应当洞悉他的真正用心，并通过这一点去分析和解释他的言论。与这种对手打交道，少说话比多说话更好。

《随笔选》62 页

当你听别人介绍情况时，最好首先耐心听，而不要急于半途插话。因为话头一被打断，陈述者就不得不把旧题重复一遍。所以那些乱插话者，甚至比发言冗长者更令人生厌。

《随笔选》70 页

当然，一味追求辞藻华丽会妨碍对真理的严肃的探索和对学问的深刻探讨，因为它过早地使人产生自满情绪，从而在达到真理的佳境以前熄灭一个人进一步探索的热情。但是雄辩的口才确能使人获益匪浅。如果一个人在会议上，在提出建议或忠告时，在交谈时，或在类似的交际的场合用到演说艺术时，他会发现这种艺术早已由那些作家准备得好好的，他可以信手拈来。

The Advancemeot of Learning，P25.

7　健康种种

经常保持心胸坦然，精神愉快，这是延年益寿的秘诀之一。人尤其要克服嫉妒、暴躁以至埋在心里的怒火、积郁不解的思考、无节制的狂欢、内心的隐痛，等等。

《随笔选》16 页

人应当经常保持一种怀有希望、愉快、明朗、朝气蓬勃的精神状态，从事于一些对身心有益的学问的思考——如阅读历史、格言或观察自然。

《随笔选》16 页

不正当的欲念好比一个熔炉，如果彻底扑灭它的火焰，它就会熄灭；如果给它留一个出口，它就会越燃越旺盛。

《新大西岛》25 页

对于一种欲望，如果人能断定"它对健康是不利的，因此我应当戒除它"，肯定比断定"它对我好像并无害处，可以放纵它"要安全得多。要知道人在身强力壮的青少年时代所养成的不良嗜欲，将来到了晚年是要结算总账的。

《随笔选》15 页

无病时不要滥用药物，否则疾病降临，药就不能生效了。但也不要忽视身体中的小毛病，应当注意防微杜渐。

《随笔选》16 页

古人认为增强体质的办法之一，是设法适应这种相反的生活习惯。……因为进行广泛的锻炼是能够改善人的适应能力的。

《随笔选》16—17 页

人要注意自己年龄的增长，不要以为自己永远可以做与过去同样的事情，因为岁月的确是不饶人的。

《随笔选》15 页

人类哲学主要把人分为身体和精神两个方面。在这里我们进一步看到，思想的善和身体的善之间有一定的联系或一致性。因为正如我们把身体的善分为健康、美、力量和快乐一样，我们也可将属于理性和道德范畴的思想的善分为：健全而不紊乱；心灵美，心胸优雅而坦荡；思想坚强而敏捷，承担得起人生的责任。思想中的这三种素质就像身体的素质一样，很少能碰在一起，它们总是互相分离。

因为我们很容易就可以观察到，许多人意志坚强而勇敢，但却不具备有条理的健康的头脑，其行为举止也不优美或优雅。许多人姿态优雅，雍容大度，但却缺乏诚实的风格和正派的本质。

有些人心灵笃诚，品德高尚，但他们不能自理，也不能经营事业。其中有时二者可以糅合为一身，但三者俱具的时候却如凤毛麟角。

至于说快乐，我们的思想不应当麻木不仁，而应当保持快乐。宁愿它充满快乐，而不愿它具有力量和活力。

The Advancemeot of Learning，P178.

8　年少者应远游

远游于年少者乃教育之一部分，于年长者则为经验之一部分。

《培根散文》55 页

未习一国之语言而去该国，那与其说是去旅游，不如说是去求学。余赞成年少者游异邦须有一私家教师或老成持重的仆人随行，但随行者须通该邦语言并去过该邦，这样他便可告知主人在所去国度有何事当看，有何人当交，有何等运动可习，或有何等学问可得，不然年少者将犹如雾中看花，虽远游他邦但所见甚少。

《培根散文》55 页

远游者有一怪习，当其航行于大海，除水天之外别无他景可看之时，他们往往会大写日记，但当其漫游于大陆，有诸多景象可观之时，他们却往往疏于着墨，仿佛偶然之所见比刻意之观察更适于记载似的。所以写日记得养成习惯。

《培根散文》55 页

远游者在所游国度应观其皇家宫廷，尤其当遇到君王们接见各国使节的时候；应观其讼庭法院，尤其当遇到法官开庭审案之时；还应观各派教会举行的宗教会议；观各教堂寺院及其中的历史古迹；观各城镇之墙垣及堡垒要塞；观码头和海港、遗迹和废墟；观书楼和学校以及偶遇的答辩和演讲；观该国的航运船舶和海军舰队；观都市近郊壮美的建筑和花园；观军械库、大仓房、交易所和基金会；观马术、击剑、兵训及诸如此类的操演；观当地上流人士趋之若鹜的戏剧；观珠宝服饰和各类珍奇标本。一言以蔽之，应观看所到之处一切值得记忆的风景名胜和礼仪习俗，反正打探上述去处应是随行的那名私家教师或贴身随从的事。

《培根散文》55 页

　　至于庆祝大典、化装舞会、琼筵盛宴、婚礼葬礼以及行刑等热闹场面，游者倒不必过分注意，但也不应视而不见。

《培根散文》55—56 页

　　若要让一名年少者在短期内游一小国且要受益甚多，那就必须让他做到以下几点：首先，他必须如前文所述在动身前已略知该国语言；其次，他必须有一名上文所说的那种熟悉该国的私家教师或随从；其三，他得带若干介绍该国的书籍、地图以供随时查阅释疑；他还必须坚持天天写日记；他不可在一城一镇久居，时间长短可视地方而定，但不宜太久；当居于某城某镇时，他须在该城不同地域变换住处，以便吸引更多人相识；他得使自己不与本国同胞交往，而且应在可结交当地朋友的地方用餐；当从一地迁往另一地时，他须设法获得写给另一地某位上流人物的推荐信，以便在他想见识或了解某些事时可得到那人的帮助。只要做到上述各点，他就能在短期游历中受益良多。

《培根散文》56 页

　　至于在旅行中当与何等人相交相识，余以为最值得结识者莫过于各国使节的秘书雇员之类，这样在一国旅行者亦可获得游多国之体验。游人在所游之地亦应去拜望各类名扬天下的卓越人物，如此便有可能看出那些大活人在多大程度上与其名声相符。

《培根散文》56 页

旅行中务必谨言慎行以免引起争吵，须知引发争吵的事由多是为情人、饮酒、座次或出言不逊。游人与易怒好争者结伴时尤须当心，因为后者可能把游人也扯进他们自己的争吵。

《培根散文》56 页

远游者归国返乡后，不可将曾游历过的国家抛到九霄云外，而应该与那些新结识且值得结识的友人保持通信。

《培根散文》56 页

他还须注意，与其让自己的远游经历反映在衣着或举止上，不如让其反映在言谈之中；但在谈及自己的旅行时，最好是谨慎答问，别急于津津乐道。

《培根散文》56 页

他还须注意，勿显得因游过异国他邦就改变了自己本国的某些习惯，而应该让人觉得自己是把在国外学到的某些最好的东西融进了本国的习俗。

《培根散文》56 页

附录：培根生平简介

　　近代实验科学的"真正始祖"、伟大的哲学家弗兰西斯·培根，于 1561 年 1 月 23 日降生于伊丽莎白女王的掌玺大臣尼古拉·培根在伦敦的府邸里。他的母亲安妮是曾任英王爱德华六世的太傅的安东尼·库克男爵的女儿，从小受到条件优越的家庭教育，颇有才华，娴熟希腊文和拉丁文。她成为尼古拉·培根续弦夫人之后，生了两个儿子，弗兰西斯·培根是次子。培根自幼受到母亲的影响和呕心沥血的教诲，很小便能阅读比他那个年龄应读的书更为高深的书籍。但他从小体弱多病，过早地接触了人间苦痛。所以有人认为是家庭的良好教育和他的健康状况，使培根显得少年老成。培根 12 岁便同长他 1 岁的哥哥安东尼一起进入剑桥大学的三一学院学习。在校期间，他博览群书，上至天文，下至地理，无不涉猎，获得了大量的自然科学和社会科学方面的知识。但当时三一学院的课程是经院学派的烦琐哲学，这使培根感到苦闷和压抑，他认为亚里士多德哲学只能供争辩，对人生毫无实际意义，立志对当时学术风气和内容进行一番大刀阔斧的革新。

　　由于父亲处于高位，常与国王接触，培根早已经见识过宫廷生活。当时的女王伊丽莎白曾经几次到培根家做客，与少年培根有过会晤，感到他才思敏捷，天资聪慧，回答问题、待人接物从容得体，因此称他为"我的小掌玺大臣"。

　　大学毕业后（1576），培根 15 岁。他希望将来成为一名律师或法官。于是他又同哥哥一起进入当时四大律师公会之一的格雷律师公会学习法律。不久，他就跟随英国驻法大使包莱男爵奉使巴黎，任外交事务秘书。这是他从事外交事务的开端。

1579年2月20日，培根的父亲去世，他匆匆回国。按照长子继承法，他从父亲那里几乎什么都没有得到，因为他在兄弟八个中最小。他的前途非常黯淡，从此开始了十几年颠沛流离的生活。他向当时的权贵（培根的姨夫伯莱公爵）请求官职，但遭到拒绝。据说，姨夫似乎对培根兄弟的才能非常嫉妒。

虽然求职不成，培根还是坚持自修完了法律课程，于1582年取得律师资格，并于1586年当选为葛莱律师公会的首席会员之一；而且经过自己的努力，几次被选入国会。但是其生活状况和政治状况仍未有什么改善。在这期间他被任命为女王的特别法律顾问之一，又获得了御前会议登记员的候补权（这个职位是他姨夫厌烦了培根的不时的请托才替他说情而得到的）。但他要等到原来的登记员死了以后才能代替他的位置。在候补期间，培根受尽了侮辱。培根的父亲生前声望甚大，而且女王也很喜欢培根，但他未受重用，这使世人大惑不解。其实这是由于培根曾批评过女王的政策而引起的，女王对培根的恼怒至死未平息。

后来培根结识了艾塞克斯伯爵，后者天资聪颖，意气飞扬，风流倜傥，深受女王宠爱，作了女王的情人，虽然他比女王小40岁。伯爵少年得志，非常欣赏培根的才华和抱负，并且同情其处境，先后替他请求法部长官、检察长次官、审判长及案卷司长等职，但女王对培根怨气未息，屡次拒绝。伯爵于是将自己在退肯南的田产赠给培根，供其研究和生活之用。

1599年，艾塞克斯伯爵征讨爱尔兰泰隆的叛乱，兵败而归，失宠于女王，被革职下狱，虽然不久即出狱，但他心怀不满，在外勾结苏格兰和爱尔兰，内部串通反对派，企图进行叛乱，未遂，被执下狱。1601年2月19日接受审判，25日被处死。在他两次受审时，培根作为一名王室法律顾问都参加了，据说措辞还十分严厉。这使世人和后人对培根的人品多有微词，认为他是忘恩负义之小人。其实培根当时的处境非常微妙，颇有不得已处。

1603年3月，女王驾崩，苏格兰王詹姆斯六世继位，称詹姆斯一世。这给培根创造了出头的机会。他极力讨好新王，受封为男爵，不久又受到年金60镑的赏赐。同时他又被任命为王家法律顾问，年赐赏金40镑。为了取得国王的欢心，培根主张合并苏格兰和英格兰，1604年10月詹姆斯一世称"大不列颠王"，这个尊号也是培根建议的。

培根在45岁时，娶了一位市参事会参政员的女儿为妻，获得丰厚的陪嫁。婚后13个月（1607年6月25日）出任法部次官的位置。从此他官运亨通，蒸蒸日上，终于于1631年被任命为总检察长。在任期间，培根雷厉风行，坚决禁止决斗，痛斥为"企图泛滥的罪恶"。谁要违反禁令——无论是挑战的或接受挑战的或作为助手的——都应当永远贬之朝外。

1617年，他出任掌玺大臣，次年就任法相，并被詹姆斯一世授予维鲁拉男爵称号；1621年又晋升为圣奥尔本子爵。饱尝了人生之辛苦、宦海之辛酸和浮沉的培根，其事业至此达到登峰造极的地步了。他的《随笔选》的一章"论高位"充分表现了他此时的心情："跻升高位是很费力的。人们常常吃了痛苦以取得更大的痛苦，这种事情有时简直是卑污的。人们又常由屈辱之途达到尊荣……"[1]

不过好景不长，乐极生悲。1621年，国王因为国库空虚，不得不召集停止活动7年的国会，以求筹款。国会乘机提出改革"专卖法权"，

---

[1] 《培根论说文集》第37页。

因为这种特权为白金汉公爵用来谋私利祸国殃民。下院有个公法学者，他素与培根有私仇，他这时利用这个议案，批评司法界，列举28条罪状，指责当时任法相的培根受贿枉法。实际上，这桩受贿案与国王和白金汉都有关系，但考虑到自己的利益，他们只好牺牲了培根，让他作了替罪羊。培根于是受到审判。最后，贵族院作出判决：解除培根职务，罚金4万镑，终身囚禁于伦敦塔内。但后来国王赦免了他，并把4万镑罚金偿还。另外，还想让他再次出山为官，为王室服务。但一度热衷于追求权势和荣华富贵的培根，这时对政治感到心灰意冷（他这种心境可以从他的短文《论困厄》中看出）。因此，他婉言谢绝了国王的美意，开始了4年之久的退隐生活，直到他最后的日子。在这段日子里，他埋头从事学术研究，成果甚著，下台后的5个月便完成了《亨利七世传》，同时又着手写《亨利八世传》，还出版了《新大西岛》，刊行了拉丁文增译本《广学论》等著作。

在一个寒冷的日子里，培根在回家的路上买了一只鸡，把它杀了，亲手用雪装满鸡的肚子，想看看寒冷是否能延迟腐烂。刚刚做完这个实验，他就感到浑身发冷，不能行走。后来由人抬着才回到家中，大病不起。一周以后，65岁的培根溘然长逝，时间是1626年4月9日。虽然他的一生并不是超凡脱俗的，但是他无愧于科学家和哲学家的一生。

二

培根生活的时代，正是西欧封建社会的大动荡、大变革时代。封建制度岌岌可危，摇摇欲坠；同时，资本主义的生产方式正在封建制度的母体内生根发芽和破土而出。培根是新兴资产阶级的代言人，他反映了时代的呼声。资产阶级要求解放思想，发展科学和技术，提高生产力。而当时的经院哲学却窒息了人们的头脑，阻碍着科学的发展。因此培根决心冲破经院哲学的束缚，改造人类对客观世界的认识和获取知识的手段，使科学来一次"伟大的复兴"。培根反对经院哲学而不是反对亚里士多德对人类的贡献。因为中世纪的基督教神学为了维护在意识形态方面的统治，把宗教神学和亚里士多德的"富于争辩性而荆棘丛丛的哲学"结合起来，运用被歪曲了的古典哲学来推演论证宗教神学信条，由此产生了荒诞的经院哲学。经院哲学既然以维护神学为目的，势必要把研究自然看成是亵渎"神圣事物"，认为那会推翻建立在天空中的唯心的迷信的神学。因此它对自然的研究即科学大加挞伐，使哲学沦为神学的婢女，为神学服务。这给科学带来两大缺陷：不进步和不能产生实际效果。这就是培根生活时代学术界的状况。对这种僵死的学术空气，培根深恶痛绝，他尖锐地指出："就现在的情形而论，对于自然的研究被经院哲学家的总纲和体系弄得更加困难，更加危殆了。"①

培根对于经院哲学那种空洞的争论，主张彻底抛弃，认为学问不应以上帝为对象，而应以自然为对象，主张以能造福人类的科学技术来代替它。主张哲学和自然科学结成"合法的婚姻"，提出"知识就是力量"的口号。他对科学的推崇可以从下面这件事看出：

在宫廷举办的一次圣诞晚会上，培根创作了一出短剧。剧中借一谋士之口向国王提出发展科学的四点倡议：第一，建立一座最完善的图书馆，收藏古今所有版本最好的书，以备阅读、查考；第二，建设一个宽敞博大的美丽花园，在其中栽植各种奇花异草，饲养各类飞禽走兽，以供科学考察；第三，设置一所规模宏大的陈列馆，收集一切

---

① 培根《新工具》，《十六——十八世纪西欧各国哲学》第36页。

稀世珍品和能工巧匠的创造发明，以促进科学研究；第四，建筑一幢备有各种机器、仪器的实验宫殿，供学者从事科学实验。

培根指出，有了这四项事业，人类就可以征服自然，而国王则会因支持这项事业而留名千古。培根的这种设想在《新大西岛》里得到完善。这是培根对自然科学的未来的准确的预见。此后建立的英国皇家学会和各国建立的科学院，就证实了培根的这个预言。

在批判经院哲学的斗争中，培根继承了古代唯物主义和英国唯名论的传统，提出了自己的唯物主义自然观。他虽然没有具体地、系统地探讨过这种自然观，但唯物主义自然观却是他的归纳法的必要理论前提。他认为人们的认识必须按照客观存在的本来面目来反映，知识就是存在的映象。一切知识都只能来自于感觉经验和自然事实。在认识客观规律的过程中，培根强调实验的作用。他认为通过实验，就可以把自然现象加以比较、分析，从而使客观本质显示出来；通过实验，人们就能丰富和发现新的科学知识。

培根认为，要认识自然，还要建立正确认识自然的理论，还需要正确的认识方法。他指出，理性如果没有正确方法的指导，就好像黑夜行走缺少烛光，大洋航行缺少罗盘针一样，无论人的才智多么高超，但收效甚微。他说的这种工具就是他在《新工具》中系统阐述的归纳法。他的归纳法大致分三步：第一步，广泛搜集事实，作为归纳的基础。第二步，用合理的方法整理事实材料，把它们分别列在三种例证表（即存在表、差异表、程度表）内。第三步，归纳。最重要的一点是运用"排斥法"把一切否定的、非本质的东西剔除，留下肯定的、本质的东西，这样就可以发现"形式"，即一般原理。这是与当时流行的被经院哲学歪曲了的亚里士多德的演绎法对立的。这在反对经院哲学的烦琐推理、促进近代科学技术的发展上起了重大作用。这种新工具"不是用巧妙的诡计去了解事物的抽象，而是要真正地去分析自然界，揭露物体的属性和作用以及物体在物质中的某些规律……"①

恩格斯说过，对自然界的分析方法"乃是最近四百年来在认识自然界方面获得巨大进展的基本条件"②。这是对培根的归纳分析方法最恰当的评价。

当然培根的归纳法有许多局限，但是培根的哲学结束了一个经院哲学的旧时代，开创了以经验为手段的研究自然的经验哲学的新时代，为近代欧洲哲学和科学的发展开辟了道路，用黑格尔的话说，是"万古留名"的。所以马克思对培根在哲学史和科学史上的地位进行了很高的评价，称他是"英国唯物主义和整个实验科学的真正始祖"。

---

① 《马克思全集》第 2 卷，第 163 页。
② 恩格斯《反杜林论》，人民出版社 1970 年版，第 19 页。